mini版

読むだけで英語が楽しくなる本

デイビッド・セイン
David A. Thayne

アスコム

はじめに

みなさん、こんにちは。
デイビッド・セインです。

あなたは、英語が好きですか?

私はこれまで、25年間多くの日本人に英語を教えてきました。
その中でいつも感じることがあります。
それは、
日本人のみなさんは「英語を勉強する!」という気持ちが
とても強いということ。

今では、ビジネスシーンやプライベートでも英語が
必要な機会がどんどん増えてきています。
ですから、「英語を勉強しなくちゃ!」
と内心焦っている方もいるのでは?

では、英語を自分のものにするためのもっとも大切な
ことは何だと思いますか?

それは
「英語を楽しむ」、「英語を好きになる」こと。

日本には
「好きこそものの上手なれ」ということわざがありますが、
まさにその通り!
スポーツでも、苦手なスポーツを「嫌い」と思っていたら、
上達はしないですよね。
「好き!楽しい!」と思えることで意欲が沸いて、
頑張れるのではないでしょうか?

「英語を学ぶ」ということも同じだと思います。
まずは英語に興味を持って、自分なりの楽しみ方や面白さ
を発見する。

そうすることで、英語は自然と身近なものになると思います。

ここで、ひとつ英語の面白い雑学を紹介しましょう。
日本でもパソコンなどの電子機器の不具合のことを
「バグった」という人がいますが、
これは英語から来ています。
バグ= bugは虫こと。
なぜ、このように言うようになったのでしょうか?
詳しくはP.145にありますが、1945年にハーバード大学の
コンピューターに不具合が生じ、調べてみると、
電気回路に蛾が入ってしまっていたそうです。このことから
電子機器の不具合をbugと呼ぶようになったそうです。

3

この本ではこのように、普段何気なく使っている英語の、
由来や歴史、ちょっと変わった使い方など、
単語やフレーズから文化にいたるまで
幅広いジャンルで280ほど紹介しています。

読むだけで楽しくなれる英語にまつわる雑学がいっぱい!
きっと英語に対する理解がより深まり、楽しくなるはずです。

本のサイズはポケットにも入るmini版です。
いつでも持ち歩いて、どんな場所でも本を開いて、
英語をどんどん好きになってください。

この本をきっかけに
あなたが英語をどんどん好きになれることを願っています。

デイビッド・セイン

CONTENTS

- P.2 はじめに
- P.5 CONTENTS

- P.6 **part 1**
  読むだけで楽しくなる!
  単語・フレーズ・会話編

- P.89 **part 2**
  読むだけで楽しくなる!
  英語カルチャー編

Part 1
読むだけで楽しくなる!
単語・フレーズ・会話編

雑学 1

アメリカ人に多い名字トップ10！

日本では「佐藤」や「鈴木」、「山田」といった名字が多いですが、アメリカではどんな苗字が多いと思いますか？ アメリカでポピュラーな苗字は以下のとおりです。

1. Smith
2. Johnson
3. Williams
4. Jones
5. Brown
6. Davis
7. Miller
8. Wilson
9. Moore
10. Taylor

堂々の1位は**Smith**さん。確かによく聞きますね。2位、3位も、言われてみれば納得、という感じではないですか。

雑学 2

たった20語で英会話の25％は成立する!?

英語の話し言葉の25％はわずか20語の単語によって占められています。頻度の高いものから並べると、

the, and, to, I, you, a, is, it, that, of, in, what, he, this, have, do, she, not, on, they

という順。これを聞いたら英会話コンプレックスがなくなるのでは？

こんなフレーズも！
He's a man of few words.
彼は無口だ。

雑学 3
英会話で使う英単語トップ30！

ネイティブが会話で最もよく使う単語はなんだと思いますか？ 一番よく使う30の英単語をよく使う順に並べてみました。これが英単語のベスト30です！

1. the
2. of
3. and
4. a
5. to
6. in
7. is
8. you
9. that
10. it
11. he
12. was
13. for
14. on
15. are
16. as
17. with
18. his
19. they
20. I
21. at
22. be
23. this
24. have
25. from
26. or
27. one
28. had
29. by
30. word

雑学 4

難易度★★★★★!
ネイティブもなかなか言えない早口言葉って?

英語にも早口言葉 (**tongue twister**) はたくさんありますが、難易度が高いと言われているのがこれ。

The sixth sick sheik's sixth sheep's sick.
病気の6代目の村長が飼っている6番目の羊が病気だ。

> **こんなフレーズも!** **Bite your tongue!**
> 静かにしなさい!

雑学 5

使うと危険! アメリカの放送禁止用語とは?

アメリカのテレビで放送できない禁止用語は全部で7つ。

shit, piss, fuck, cunt, cocksucker, motherfucker, tits

この7つがアメリカでは使ってはいけない、最も汚い言葉と見なされています。

> **こんなフレーズも!** **I'm going to wash your mouth out with soap!**
> その口を石けんで洗うわよ!
> ＊子供が汚い言葉を使ったときに親が言う。

雑学 6

英語で一番なが〜い単語は？

pneumonoultramicroscopicsilicovolcanoconiosis

英語で最も長いとされる単語がこれです。
英語では実に45文字にもなるこの病気の名称も、漢字では「珪性肺塵症（けいせいはいじんしょう）」と、わずか5語で収まってしまいます。
エステルや石英の粉塵を吸い込むことで発生する肺の病気です。

こんなフレーズも！ Can I have a word with you?
ちょっと二人だけで話していいですか？

雑学 7

世界で一番多い名前は？

世界で一番よくある名前は **Muhammad**（モハメッド）と言われています。ただし、名字に関して言えば中国人の「張」という名を持つ人が1億人以上存在します。

こんなフレーズも！ Every Tom, Dick and Harry knows that.
知らない人なんてひとりもいない。

雑学 8
そのひと言、ネイティブならこう言う　その❶

日本語で「腹にすえかねる」は、英語でも **I can't stomach it.** です。日英の発想が似ている例です。

こんなフレーズも!　**He has a beer belly.**
彼はビール腹だね。

雑学 9
そのひと言、ネイティブならこう言う　その❷

Wassup? はネイティブがよく使うあいさつ。「ワサップ？」と発音します。**What's up?**（調子どう?）をくずした形。若者たちの間で交わされる、とてもフレンドリーなあいさつです。

こんなフレーズも!　**Wanna go?**
(Do you want to go?) 行きたい?

雑学 10
そのひと言、ネイティブならこう言う　その❸

That's a fish story. を直訳すると「魚の話」。その裏の意味は「大げさな話」「ほら話」。釣り人の釣り自慢の話が、ついつい、逃げられた魚の大きさ比べになり、ほら話の様相を見せていくことから生まれた表現です。

こんなフレーズも!　**Something's fishy.**
なんだか怪しいね。

雑学 11

ネイティブに勘違いされてしまう、おもてなし!?

次のサインは、実際に日本のある旅館に掲げられているとか。

You are invited to take advantage of the chambermaid.

言いたいのは恐らく「御用があればなんなりと仲居までお申しつけください」でしょう。でも「仲居はお好きなようにもてあそんでください」という意味になってしまいます。もちろん真に受ける外国人もいないとは思いますが…。

こんなフレーズも! **The service is good at Japanese inns.**
日本の旅館はサービスがいい。

雑学 12

イギリス人は喜ぶけど、アメリカ人が聞いたら激怒するひと言。

You have a homely wife.

homely という形容詞はイギリスでは「家庭的な」という意味ですが、アメリカでは「ブス」という意味。アメリカ人が「妻を侮辱した」と怒るのも無理はありません。

こんなフレーズも! **She's a little Martha Stewart.**
彼女は家庭的な人だ。
＊マーサ・スチュワートはカリスマ主婦として有名。

雑学 13

新婚旅行はなぜハネムーンというの?

もともとは、ハチミツでワインを作る習慣のあった北ヨーロッパから伝わった言葉です。新婚カップルは結婚後1ヵ月にわたって、この甘いワインを飲むと幸せになるといわれていました。ムーン(**moon**)は「ひと月」のこと。だからハニー(**honey**)の月、**honeymoon**となったのです。

> **こんなフレーズも!** **The honeymoon is over.**
> 蜜月の時期は終わった。

雑学 14

ハワイ語のアルファベットはたったの12文字!?

ハワイ語はわずか12文字のアルファベットでできているんです。

a, e, i, o, u, h, k, l, m, n, p, w

> **こんなフレーズも!** **The quick brown fox jumps over the lazy dog.**
> すばしこい茶色のキツネがなまけものの犬を跳び越える。
> ＊アルファベット26字をすべて用いて重複を限りなく少なくした英語の短文。

雑学 15

ボイコットはシカトされた本人の名前からできた!?

9世紀に、**Charles C. Boycott** という人物がいました。彼は農民から農地の賃貸料を取るため、賃貸料を値上げしたアイルランドの伯爵に雇われましたが、農民は彼を無視しました。そこから、彼の姓である **boycott** は「ボイコットする、排斥する」という意味の言葉として使われるようになり、現在に至っています。

> **こんなフレーズも!**
> **I'm going to boycott that meeting.**
> 会議への出席は拒否します。

雑学 16

英語の曜日の起源は?

英語の曜日は、5世紀中頃にドイツからイギリスに侵入した(アングロ)サクソン族の神々の名前。
Sunday は **sun**(太陽)、**Monday** は **moon**(月)、**Tuesday** は **Tiw**(=**Tyr** 戦の神)、**Wednesday** は **Woden**(=**Odin** 1つ目で賢い嵐と死の神)、**Thursday** は **Tunor**(=**Thor** 雷の神)、**Friday** は **Frige**(=**Freya** 愛の神)、そして **Saturday** は **Saturn**(土星)から名づけられました。

> **こんなフレーズも!**
> **Any day of the week.**
> いつでもいいですよ。

雑学 17

俗語という意味のslang（スラング）。語源は？

slangの語源に関しては諸説ありますが、ノルウェー語のslengakeften（「悪用する」の意）が有力とされています。

こんなフレーズも！ It's not slang, but it's slangish.
スラングではないけど、スラングっぽい感じだね。

雑学 18

手紙の最後につけるPSってなんの略？

手紙やメールの最後によく使うPSですが、これはpostscript（追伸）の略です。P.S.でもPSでもOKです。

こんなフレーズも！ P.S. I can't wait to see you.
追伸、早く会いたいな。

雑学 19

ところ変われば、文字の大きさも変わる？ YouとIの意外な事実

英語ではI（私）を大文字にしますが、イタリア語とドイツ語ではYou（あなた）を大文字にします。

こんなフレーズも！ Neither you nor I nor anyone else can foresee the future.
なんだか怪しいね。

雑学 20

英語で最も古い単語は?

最初の英語がいつ話されたかを知る人はいませんが、**town**という語が英語の書き言葉としては最古だということは明らかにされています。紀元後7世紀初頭の「エセルバートの法」という書の中で初めて使われています。

こんなフレーズも!
We painted the town red.
おおいに飲み歩いた

雑学 21

サラリーマンの給料は塩!?

「サラリーマン」は和製英語ですから、ネイティブには通じません。英語では様々な表現が考えられますが、通勤電車に揺られる典型的なサラリーマンは **office worker** と表現するのが適切でしょう。さてこのサラリーは英語で綴ると **salary**。古代ローマ兵士の給料の一部は **salarium** と呼ばれ、**salt**（塩）で払われていました。**salary** の語源はこの **salarium** です。

こんなフレーズも!
He's not worth his salt.
奴は給料泥棒だ。
＊ be not worth... ～に値しない

雑学 22

upset は setup だった!?

upsetという語は現在は「ひっくりかえる、転覆する、動転する、怒る」という意味ですが、17世紀までは正反対の「何かを直立させる、立たせる」(=**setup**)という意味でした。

こんなフレーズも!
Why are you so upset?
どうしてそんなに怒っているの?

雑学 23

英語の親戚は何語?

英語に一番近い言語とは何でしょうか? スペイン語? ドイツ語? イタリア語? それともフランス語でしょうか? 実は**Flemish**(ゲルマン語派に属するオランダ語の1方言なのです。北部ベルギー王国の公用語)が英語に最も関連が深い語と考えられています。

こんなフレーズも!
Are you a polyglot?
多言語を話せますか?

雑学 24

コンピューターに記録されている言語、最も数が多いのはやっぱり?

世界中のコンピューターの中にある情報の約8割は英語で書かれたもの。次がドイツ語で約4.5%、日本語が3番目で3.1%となっています。

こんなフレーズも! **I don't speak computerese.**
コンピューターのことはわかりません。
* computerese コンピューター言語 (発音はコンピューターイズ)

雑学 25

トランプのキングは実在の王様!?

トランプに描かれているキング (**king**) は、歴史上の偉大なる王や英雄を表しています。クイーンやジャックにもそれぞれモデルが存在します。

スペード	→	ダビデ王　古代イスラエル国王
クラブ	→	アレクサンダー大王　マケドニア国王
ハート	→	カール大帝　フランク国王
ダイヤ	→	シーザー　古代ローマの武将 (カエサルとも)

こんなフレーズも! **There's nothing to do, so why don't we play a game of cards?**
暇だからカードゲームでもしようか?

雑学 26
そのままで通じる日本語あれこれ　その❶

I put some wasabi on my sushi. (すしにわさびをつけた)

わさびとすしはそのままの英語で通じます。
英語の辞書には毎年あらたな日本語が加えられ、英語圏の人々に知られるようになっています。
最近アメリカでポピュラーになりつつある日本語は、

sushi, sashimi, wasabi, soba, ramen, udon, karate, judo, tsunami, shiatsu, zen, anime

などなど、ここでは挙げきれないほどたくさんあります。

> **こんなフレーズも！**
> **Lehman shock was the start of the financial tsunami.**
> リーマンショックは経済津波（経済危機）の始まりでした。

雑学 27
羽に由来する筆記用具って?

pen（ペン）という単語は、ラテン語で「翼」「羽」を意味する**penna**からきています。昔は鳥の羽で文字を書いていたことがわかりますね。

> **こんなフレーズも！**
> **The pen is mightier than the sword.**
> ペンは剣よりも強し。

雑学 28

ネイティブが I'm a happy camper. って言っても、キャンプに行くわけではありません。

happy camper とは、ものごとが万事うまく進んで楽しく過ごしている人のこと。**I'm a happy camper.** と言ったなら、「僕の人生、万事順調なんだ」という意味です。「アウトドアが好きな人」という意味ではありません。

こんなフレーズも! **He's not going to be a happy camper.**
彼はきっとすごく怒るよ!

雑学 29

「その窓を閉めてください」と言うつもりでネイティブに Close that window. と言ったら、「なんで怒っているの?」と言われてしまいました。

Close that window. だと、「ああ腹が立つ。そのいまいましい窓を閉めてくれ」と解釈されます。単に「窓を閉めて」と頼むなら、**Close the window.** と言うべき。さらに **please** を加え、**Please close the window.** [**Close the window, please.**](窓を閉めてください)とするともっと印象がよくなります。

こんなフレーズも! **Get the window, please.**
窓を閉めてもらえますか(開けてもらえますか)。

雑学 30

そのひと言、ネイティブならこう言う ❹

She has a bun in the oven. と言うと、「彼女は妊娠中です」という意味。これは、赤ちゃんをロールパンに見立てた表現です。「彼女は妊娠しています」という意味の表現は他にもあります。

She's in a family way.
She has a baby coming.
The stork is coming. ＊stork:コウノトリ

こんなフレーズも! **She's with a child.**
彼女は妊娠している。

雑学 31

「もう満腹です」= I've had enough of your turkey. はかなり失礼です。

Thanksgivingの食事に招かれおかわりをすすめられたけど、満腹だったので **I've had enough of your turkey.** と言って断ったら、作ってくれた奥さんの顔がこわばりました。
「あんたの七面鳥の料理なんかうんざりだよ」という意味になってしまうのです。「満腹です」と言うときは、**I'm full, but thank you.** や、**I can't eat any more. Thanks.** と言うようにしましょう。

こんなフレーズも! **Thanks but no thanks.**
うれしいけど、結構です。

雑学 32

イギリスでは普通のあいさつでも、アメリカでは大変なことに…。

アメリカ人の友人との別れ際に、**Keep your pecker up.** と言ったら、不思議な顔をされました。イギリスでは**pecker**は「顎」、アメリカでは「おちんちん」のこと。イギリスでは「それじゃまた、ごきげんよう」程度の意味ですが、アメリカでは「おちんちんを立て続けてね」というとんでもない意味になります。

> **こんなフレーズも!**
> **He pecks at everything I say.**
> 彼って私が何を言ってもいちゃもんをつけるのよ。

雑学 33

She's a Johnny-come-lately. と言って紹介されました 私の名前はジョニーじゃないんだけど。

Johnny-come-latelyという表現は「ジョニーが遅れてやってくる」ではなく「新参者」のことです。**Johnny**は日本の「太郎」に相当する男性の名で、特定の個人ではなく一般的な人を表しています。

> **こんなフレーズも!**
> **He's a real Johnny-on-the-spot.**
> いつでも頼れるんだ。

雑学 34

Nippon Ham Fightersという名前、ネイティブは野球チームとは思いません。

fighterという語は、**crime fighter**（犯罪と戦う人）など、英語では「〜と戦う人」を意味します。ネイティブが**Nippon Ham Fighters**と聞くと、どうしても「ハムと戦う人」を想像してしまい、なかなか野球とは結びつきません。

こんなフレーズも！ I'm a big Nippon Ham Fighters'fan.
日本ハムファイターズの大ファンです。

雑学 35

初恋の味 Calpis（カルピス）は「牛のおしっこ」!?

日本人ならばたまに恋しくなる味、と言えば「カルピス」。でもこの名称、英語圏では、「日本人は牛のおしっこを飲んでいるのか？」と誤解されてしまいます。**Calpis**の**l**の部分は「ル」ではなく「ウ」の音になり、ネイティブの耳には **cow piss**（牛のおしっこ）に聞こえます。美味しいカルピスは**Calpico**の名称で英語圏で親しまれています。

こんなフレーズも！ Don't step in the cow pie.
牛のうんちを踏まないように。

雑学 36

口に出しにくいところに行くときは、I have to go.

I have to go. というひと言は「もう帰らないと」「行かなきゃ」という意味ですが、「トイレに行く」という意味で使われることも。「トイレ」と直接口に出すのをはばかるのは英語でも同じ。トイレに行きたくなったら、**I have to go.** と言ってさりげなく席を立ちましょう。
他にも、「トイレに行く」は英語で色々な表現があります。

I need to use the powder room.
化粧室をお借りします。＊主に女性が使う表現（上品）

I need to use the restroom.
おトイレに行ってきます。（普通）

I need to use the bathroom.
お便所に行ってきます。（やや下品）

I need to take a piss.
小便してくる。（下品）

I need to take a shit.
クソしてくる。＊ shit「クソ」（とても下品）

こんなフレーズも！
May I be excused?
ちょっと失礼していいですか？
＊トイレで席を外すときによく使う言い回し。

雑学 37

キャリア・ウーマンのみなさん。あなたは working girl ではありません。

「私はキャリア・ウーマンです」と言うなら、**I'm a working woman.** と言うべき。若さをアピールするつもりで **working girl** と言ってしまうと、「売春婦」という意味にも。売春婦という意味の言葉は他に、**lady of the evening, call girl, painted woman, hooker, street walker** などがあります。

こんなフレーズも!
She's a member of the oldest profession.
彼女は売春婦だ。
＊売春は世界最古の職業の1つと考えられていることから生まれた表現。

雑学 38

「馬車馬のように働く」という表現は英語も同じ。

ひたむきに働くことを日本語で「馬車馬のように働く」と表現しますが、これは英語でも **work like a horse** と表現します。また、**work like a dog**（犬のように働く）という類似の表現もあります。ただしニュアンスはかなり異なり、前者は「働き者でえらい」、後者は「働きすぎでかわいそう」というニュアンスに。

こんなフレーズも!
He works like a machine.
彼は機械のように働く。

雑学 39

親指に基づく法則!?

rule of thumb（経験に基づく法則）というフレーズは、もともと「親指よりも幅の大きいもので妻を殴ってはいけない」という古いイギリスの法律からきているとか、大工が親指を使ってものを計ったことから、など諸説があります。

> こんな
> フレーズも！　**As a rule of thumb, we usually pay a tip at inns.**
> 経験から言って、旅館では心づけを渡すのが普通ですよ。

雑学 40

そのままで通じる日本語あれこれ　その❷

I have just a skosh more time.

skosh ってどこかで聞いたような…。そうです、実はこれ日本語の「少し」のこと。戦後のアメリカ兵が日本から持ち込んだ単語の1つです。現在英語圏では、「～がほとんどない」という意味で使われることが多いようです。ちなみに**sayonara**もそのまま通じます。

I'm skosh on cash at the moment.
今、持ち合わせがほとんどないんだ。

> こんな
> フレーズも！　**Oh, East is East, and West is West,**
> **and never the twain shall meet.**
> 東は東、西は西、両者相会うことなかるべし。—J・R・キップリング

雑学 41

「ピンク＝健康」。
いやらしい色ではありません。

英語で **in the pink** という表現はエッチなことではなく、「健康状態がよい」という意味になります。昔イギリスでは、キツネ狩りのときに真っ赤な上着を着ていく習慣があり、これを **pinks** と呼んでいました。赤い上着で狩りに出かけていく様子が健康であることと結びつき、この表現が生まれたと言われています。

こんなフレーズも! She lost 10 pounds. Now she's in the pink.
彼女は10ポンド減量して、今はとっても元気です。

雑学 42

「後部座席のドライバー」ってどんな運転手?

backseat driver とは、後部座席から運転手に向かってあれやこれやと口出しばかりする人のこと。車の運転に限らず「余計な口出しばかりする人」という意味で使われるようになりました。

こんなフレーズも! He's a backseat manager.
彼は権限もないくせに、経営にいちいち口を出すんだ。

雑学 43

ちょっと違うだけでも命取りになる英語 その❶

He hit my girlfriend. 彼は僕の恋人を殴った。
He hit on my girlfriend. 彼は僕の恋人をナンパした。

hit だけだと「殴る」という意味ですが、**hit on** と言うと「(異性に) 言い寄る」「ナンパする」といった意味になります。

こんなフレーズも!
He hit on a good idea.
彼に名案が浮かんだ。

雑学 44

「丸太のように寝る」って一体…?

log は丸太のこと。**sleep like a log** は「熟睡する」。丸太をのこぎりで切るときの音が、いびきの音に似ていることから生まれた表現です。その他「よく寝た」の表現は、

I was dead asleep.
I was fast asleep.
I slept like a baby.

こんなフレーズも!
Good night. Sleep tight.
Don't let the bed bugs bite.
おやすみ。ぐっすり寝て。ベッドの虫に噛まれないで。
＊親が子を寝かせるときに言うおやすみの言葉

雑学 45

そのひと言、ネイティブならこう言う ❺

Nature calls. 直訳すると「自然が呼んでいる」ですが、「トイレに行かないと」という意味。本来はキャンプやハイキングに出かけ、自然に親しむという意味でしたが、今では、用を足したいときの決まり文句として使われています。

> **こんなフレーズも!** **Music is second nature to me.**
> 僕には音楽の才能がある。
> * second nature 習性、才能

雑学 46

I have a frog in my throat.と言っても、喉にカエルを飼っているわけではありません。

have a frog in one's throat で、「声がかれている、声が出にくい」という意味に。鳴き声を思い浮かべてみて下さい。決して澄きとおった声とは言えませんよね。

> **こんなフレーズも!** **I have butterflies in my stomach.**
> 緊張してドキドキする。

雑学 47

ヒップ(hip)は「お尻」じゃない!?

英語では、**hip**は正確に言うと、脚と胴がつながっている横に盛り上がった部分で臀部のこと。ネイティブはよく**He stood with his hands on his hips.**と言ったりしますが、これは「お尻の上に手を置いて立った」のではなく、「臀部に手を添えて立っていた」という意味に。お尻は、**bum, rear-end, ass**(ケツ、下品なので使うときは注意)、**booty**(アメリカのスラング)と呼びます。

> **こんなフレーズも!**
> **That's really hip.**
> かっこいい!

雑学 48

疲れ目の飛行機旅行?

「夜間飛行便」のことを**red-eye flight**と言います。**red-eye**は「充血した目」「赤い目」という意味。夜遅くまで起きていると目が充血してきますよね。そこから生まれた表現です。また「夜行列車」を **red-eye**と呼ぶこともあります。ちなみに、「酒を飲んで充血した目」のことは**bloodshot eyes**(血走った目)と呼びます。

> **こんなフレーズも!**
> **I have red-eye in this photograph.**
> この写真、目が赤く写っちゃってる。

雑学 49

思わず立腹。その様子を見ていた友人が、Don't get hot under the collar. とひと言?

友人は温度のことを言ったのではありません。**get hot under the collar** は「怒る」という意味の表現。つまり、「まぁ、そうかっかするな」と言っていたのです。他にも **Don't have a cow.** と表現したりします。

こんなフレーズも!
He's always hot under the collar.
彼はいつも怒っているね。

雑学 50

Don't go there. と言っても、「そこへ行くな」という意味ではないかも?

話の途中、あるいは話題を変えたときに相手がこう言った場合は、「そこに行かないでください」という意味ではなく、「その話題には触れないで」という意味になることが多い表現です。

A: By the way, how's your company's damage settlement going?
ところで、損害補償調停のほうはどうなってるんだい?

B: Don't go there.
その話はやめよう。

こんなフレーズも!
There you go again.
またやっているね。

雑学 51

相手にぶつかってしまい、Well, excuse me. と言ったら、かなり嫌味です。

日本人がよく文頭に Well とつけるのを耳にします。「まぁ、そうですね」程度の意味で使っているのでしょうが、後に続く言葉によってニュアンスががらりと変わります。Excuse me. なら、「すみません」という謝罪になりますが、Well, excuse me. と言ってしまうと「はいはい、どうもすみませんね」と、かなり嫌味な意味に聞こえてしまいます。

こんなフレーズも！ **May I be excused?**
ちょっと失礼していいですか？

雑学 52

初級編・英語の早口ことば。

日本語同様、英語にもおもしろい早口言葉がたくさんあります。早口言葉は tongue twister（舌をこんがらせるもの）と言います。

A quick-witted cricket critic.
機転がきいて機知に富んだクリケット評論家。
＊クリケットはイギリス、オーストラリア、インドで盛んなスポーツ。

Can you can a can as a canner can can a can?
缶詰職人が缶を詰めるように缶を詰めることができますか？

こんなフレーズも！ **My tongue got twisted trying to pronounce the word.**
言葉がうまく出なかった。

雑学 53

仕事を頼まれてI'll manage. なんて上司に言ったら大変です!

何か依頼を引き受けるときに **I'll manage.** と返答すると、ネイティブには「なんとかします」ではなく、「しょうがないけど、まぁやっといてやる」と聞こえてしまい、「いやいや引き受ける」というネガティブな印象を与えてしまうのでご注意を。「頑張ります」と伝えたいなら、**I'll do my best.** と言っておきましょう。

> **こんなフレーズも!** **Your son is unmanageable.**
> お宅の息子さんは手におえません。

雑学 54

Wake up and smell the coffee. は朝のあいさつではありません!

直訳すれば「目を覚ましてコーヒーのにおいをかいでごらん」ですが、実は朝のあいさつではなく、「目を開いて現実をよく見なさい」という意味です。浮かれたことを言う相手に対して戒めの言葉で使ったり、いつまでも古い考え方をしている人などに対して使ったりします。

Wake up and smell the coffee! It's the 21st century.
目を覚ませよ! もう21世紀だぜ。

> **こんなフレーズも!** **Can you give me a wake-up call?**
> モーニングコールをしていただけますか?

雑学 55

...or not? そのひと言でいい雰囲気もぶち壊し!?

商品の選択で迷っているお客さんがいたので、**Are you going to buy it or not?** と尋ねたら、怒って帰っちゃった。気をきかせて「お買い上げですか、それとも別の商品にしますか？」って言ったつもりなのに……。

店員がお客に **Are you going to buy it?** と言うときは、「そちらになさいますか？」という意味になります。ところが、そこに **or not?** を加えて **Are you going to buy it or not?** にすると、「あんた、それにするのかしないのか、どっちなの？」という強烈な言葉になってしまうのです。お客が怒って帰ってしまうのも無理はありません。ネイティブのお客が来店し、何か困っていると思ったときは **May I help you?** と声をかけましょう。これなら大丈夫。

> **こんなフレーズも!**
> ...or aren't you? と言っても同じくトゲのあるひと言に。
> **Are you going to buy it or aren't you!?**
> いったい買うの、買わないの!?

雑学 56

Take a hike.=「ハイキングに行きましょう」という意味ではありません。

これは **Go away.** つまり「あっち行け、うせろ」と同じ意味。ひどく腹を立てているときに使う表現です。決して **Where to?**「どこへ?」などと聞き返さないようにしましょう。火に油を注ぐことになりかねません。

こんなフレーズも!
Go fly a kite.
邪魔しないでよ。

雑学 57

I'm not going to drink the Kool-Aid.「クール・エイドなんか飲まないよ」と言って怒っていたけど、なんで?

Kool-Aid はアメリカの食品会社クラフト社の粉末飲料。かなりどぎつい色をしていますが、アメリカ人はみんなこれで大きくなったというほど、昔から愛されています。**to drink the Kool-Aid** という表現は「あることを固く信奉する」「ある意見や思想をそのまま鵜呑みにする」という意味です。つまり **I'm not going to drink the Kool-Aid.** は、「そんなことは盲目的に受け入れたりはしない」ということ。

1978年カルト集団人民党の教祖だったジム・ジョーンズが多数の信徒を道連れに集団自殺するという痛ましい事件がありました。このときに信徒が **Kool-Aid** に青酸カリを入れて飲んだため、この表現が生まれたと言われています。

雑学 58

新しいバイトについてネイティブの友人と話していたら、You work bankers' hours.（君は銀行時間で働いている）とひと言。バイト先は銀行じゃないんだけど…。

bankers' hours とは銀行の時間のことではなく、「短時間だけ働く」という意味。かつて銀行は営業時間が短い仕事の代名詞でしたが、最近のアメリカの銀行は、どこもほとんど午前9時から午後5時、金曜日は午後6時まで営業というのが普通です。それでも **bankers' hours** という表現は残っています。

I work mothers' hours.
私は24時間働いています。

I work Hawaiian hours.
私は好きなときに働いてます。

こんなフレーズも！
I wish I could work bankers' hours.
勤務時間の短い仕事に就きたいな。

雑学 59

a gang of buffaloes
＝バッファローが強盗する!?

英語でも動物や生物を数えるときにまさかと思う語をつけるものがたくさんあります。例えばサイ。サイの群れは **a crash of rhinoceroses** という単位で呼びます。メダカは **a school of killifish** で「メダカの一群」という意味に。「メダカの学校」はここからきたのでしょうか？その他、おもしろいものをまとめてみると…。

バッファローの群れ＝ **a gang of buffaloes** （バッファローが強盗とは?）
ビーバーの群れ＝ **a colony of beavers** （ビーバーは植民地なのか?）
チーターの群れ＝ **a coalition of cheetahs** （チーターの連立政権?）
アリの群れ＝ **an army of ants** （アリの軍隊?）
ゴリラの群れ＝ **a band of gorillas** （ゴリラがバンドを組んでいる?）
カラスの群れ＝ **a murder of crows** （殺人カラス?）
ヤギの群れ＝ **a trip of goats** （ヤギの遠足?）

こんなフレーズも!
You can't expect marriage to always be a bed of roses.
結婚したからといって、いつでも安楽の生活が送れるとは限らない。

雑学 60

Mr./Mrs./Ms.をつけると、相手に冷たい人だと思われちゃう?

一昔前の日本の英語の教科書には、**Good morning, Mr. Smith.**（おはようございます、スミスさん）という朝のあいさつが紹介されていました。

日本人がいまだに、このあいさつをしているのをよく見かけますが、もう **Mr.** や **Mrs.** を日常会話の中で使うのはちょっと古いかも。

初対面の相手ならともかく、毎日顔を合わせる人に **Mr.** や **Mrs.** などの敬称をつけて呼びかけるのはとても堅苦しい表現です。相手が上司や教師のようにいくら目上だからといって、**Mr.** や **Mrs.** を使うのは時代遅れです。

ネイティブへの呼びかけには、ファーストネーム（名前）を使うほうが好印象。英語を使うときは、英語のルールに従いましょう。**Good morning, Jim.**（おはよう、ジム）のように親しみを込めて名前で呼びかければ、とても自然なあいさつになります。

こんなフレーズも!
You think you're Mr. (Ms.) Perfect.
自分が何も悪いことをしていないと思っているようですね。

雑学 61

相手が You don't say. と言っても、押しつけではありません。

You don't say. という表現は「本当ですか?」「へぇ驚いたなぁ」「まさか」という意味。ですから、**Is that true?** あるいは **How surprising.** と置き換えることができます。

A: I finished my homework in three minutes.
宿題を3分で終わらせちゃった。

B: You don't say.
本当?

A: I saw a dog skateboarding.
スケボーしてる犬を見たよ。

B: You don't say!
まさか!

こんな
フレーズも!
Don't say anything.
何も言わないでおいて。

雑学 62

これで「トイレで吐いてる」って意味!?

飲み会で仲間の姿が見えなくなると、ネイティブは **He's talking to Ralph.** と言うことがあります。Ralph と発音すると、「オエッ」と嘔吐しているような音に聞こえませんか? 実は **talk to Ralph** で「吐く」という意味。これに加えて、次のような言葉を続けることもあります。

He's talking to Ralph on the big white phone.

the big white phone(白い巨大な電話機)とは?
これで「便所でゲーゲーやってるよ」という意味になります。

こんなフレーズも!
He's on the throne.
彼は便器に座っているよ。

雑学 63

Would you like an appetizer? と聞かれ、No, I wouldn't. と答えたら失礼?

海外のレストランでは給仕が **Would you like an appetizer?** と聞くことがあります。「前菜はいかがですか?」と尋ねているのですが、これに対して **No, I wouldn't.** と返答したら、給仕には、「いや、いらないね」というつっけんどんな返答に聞こえます。欲しくないのであれば、**No, thank you.** あるいは **I'm fine. Thank you.** とにこやかに答えるようにしましょう。

こんなフレーズも!
That steak looks appetizing.
あのステーキおいしそう。

雑学 64

ニューヨークに遊びに行くと言ったら、友人が Knock yourself out. とひと言。自分でノックアウトしろ? どういう意味?

Knock yourself out. は、「自分を倒せ」という意味ではありません。**Have a good time.** と同じ意味のスラングです。友人は「倒れるほど思いきり楽しんでね!」という意味を込めて「楽しんでね」と言ったのです。

この表現は「努力する」「根をつめる」という意味で使われることもあります。

I knocked myself out to finish the project on time.
予定通りに仕事を終えるのに、奮闘努力したよ。

Don't knock yourself out. It's not worth it.
そんなに頑張るこたぁないよ。やるだけ無駄だ。

こんなフレーズも! **She's a knock-out.**
彼女はすごい美人だ。

雑学 65

Come again? と言われ、When? と返答してしまうと妙なことに…。

文末を上昇調で **Come again?** と相手に言われたら、「また来てくれますか?」という意味ではありません。このひと言は **Could you say that again?**(もう一度おっしゃってくださいますか?)という表現を短縮したもの。ですから、自分の言ったことを繰り返すことが返答になるのです。単に **Again?** と言うことも。文末を下げ調子で発音すると「また来てください」という意味に。

こんなフレーズも! **Come back anytime.**
またいつでも来てください。

雑学 66

タカ派、ハト派、では中立の立場は?

タカ派とは「武力を用いて問題を解決しようとする強硬論の持ち主」のこと。これは英語の **hawk**(タカ)を日本語にしたもの。それに対して「話し合いで問題の解決をはかろうとする人々」をハト派と言いますが、これも平和の象徴である **dove**(ハト)から。さて、問題の「中道派」を表すときは、アメリカでは **hawk** と **dove** をくっつけて **dawk** というスラングを使います。**dawk** には「どっちつかずで妥協する人間」という意味も。

こんなフレーズも! **Why don't you offer him an olive branch?**
彼に和解を申し出てみれば?
＊ olive branch オリーブの枝、つまり平和の象徴

雑学 67

Please sit down. というひと言は「どうぞおかけください」という意味ではありません。

日本人が **Please sit down.** と言って席をすすめているのをたまに目にします。丁寧な言葉だと思っているようですが、実は親や教師が「席に着きなさい」と言うときに使う表現。大切な顧客にこう言って席をすすめていたと思うと顔が青くなるでしょう？

ネイティブが「どうぞお座りください」と席をすすめるときは、**Have a seat.** や **Please have a seat.** と言うのがベターです。

> **こんなフレーズも！**
> **Make yourself at home.**
> 楽にしてください。

雑学 68

上司にできないことを頼まれた。はっきり断ったほうがいいと思ったんだけど…。

上司に未経験の仕事を頼まれました。Yes/Noははっきり言ったほうがいいと思い、きっぱり **I can't do it.** と断わったら、上司はややムッとした様子。実はこの言い方、「やる気がない」「やる意思がない」という印象を与えてしまいます。この場合は、**I haven't done it before, but I'll try.**（やったことはないけれど、挑戦してみます）という前向きな姿勢を見せましょう。

> **こんなフレーズも！**
> **I don't have experience in this area, but I'll get used to it.**
> 未経験の分野ですが、すぐに慣れると思います。

雑学 69

Did you hear the news? と聞かれたので、I hear things. と答えると……。

I hear things. というひと言は、「そういうことは聞いているよ」という意味ではなく、「幻聴がするんだ」という意味になってしまいます。**things** は「そのこと」ではなく、「実際には存在しないもの」を指しています。このひと言を聞いたら、ちょっと心配されるかも。ただ「聞いてる」と言いたいときは、**I heard.** とだけ言えばOK。

> **こんなフレーズも!**
> **That's what a little bird told me.**
> 噂で聞いたんだ。

雑学 70

偽のHPやダイレクトメールによるネット詐欺はフィッシングと呼びますが、fishingではありません。

ネット上の詐欺で偽のHPやダイレクトメールで「引っかけて」クレジットカード等の情報を盗む手口のネット詐欺を「フィッシング」と呼んでいますが、普通は**fishing**ではなく**phishing**と綴ります。これは60年代に電話回線を荒らす連中を**phone phreaks**と呼んでいましたが、その影響を受けたようです。

> **こんなフレーズも!**
> **I got ripped off.**
> 金をだまし取られた。

雑学 71

You're all wet. と言われたけれど、ちっともぬれてなんかいないけど。

all wet という表現は「全身ずぶぬれ」だけではなく、「完全に間違えている、誤解している」という意味も。あなたがぬれているとき以外にこう言われたら、「あなたはまったく間違えている、誤解している」と言っているのです。

こんなフレーズも！
He's still wet behind the ears.
彼はまだ新人だから。

雑学 72

ネイティブがShe's a dog.と言った。彼女は人間なのに…。

犬は最も人気のあるペットですが、dogという語を含む表現はネガティブな意味で用いることも。She's a dog. という表現は、「彼女は犬だ」と言っているのではなく、「彼女はブスだ」という意味になります。
なかなか別れてくれないうっとうしいボーイフレンドは、He's dogging me.（彼は私にしつこくつきまとう）と表現し、疲労困憊のときは I'm dog tired.（ものすごく疲れている）と言います。

こんなフレーズも！
A dog is a man's best friend.
犬は最良の友。

雑学 73
Very funny. は笑えない英語表現。

Very funny. は直訳すると「非常におもしろい」ですが、ネイティブ同士の会話では、反語的な使われ方がほとんど。「冗談じゃないよ」「何がおもしろいんだ」「ふざけるな」という逆の意味になるのです。日本語でも、怒っているときに「おもしろい冗談じゃないか」という言い方をしますが、それと同じ使い方の英語表現です。

こんなフレーズも!
This looks like funny money.
これは偽札のようですね。

雑学 74
ちょっと嫌なことされて思わずムッ。そしたら、Keep your shirt on. だって。服なんか脱ぐわけないのに。

Keep your shirt on. というひと言は、「服を着たままでいなさい」ということではなく、「がまんしなさい」「腹を立てないで」という意味。かつて衣類は高価なものだったので、ケンカするときは服を脱いでいたという習慣からこの表現が生まれたと言われています。

こんなフレーズも!
I lost my shirt.
すっからかんだ。
＊ lose one's shirt すってんてんになる

雑学 75

誤解しやすい英語表現　その❶

I tripped. と言ったら、人から「大丈夫ですか?」「けがしてないですか」と聞かれます。**trip** は名詞の「旅行」という意味で知られていますが、単独で動詞として使った場合には「つまずく」「つまずいて転ぶ」といった意味にもなります。**I tripped around the world.** では「私は世界のあちらこちらで転びまくった」といったニュアンスになってしまいます。**go on a trip** で「旅行に出る」「旅をする」という意味になります。

> **こんなフレーズも!**
> **Her question tripped me up.**
> 彼女の質問で頭がちょっと混乱しちゃった。
> ＊ trip someone up = 人を失敗させる

雑学 76

I did a number 2. 2番ってなんのこと?

英語では、大便することを遠回しに **number 2** と言います。ご想像のとおり、小便は **number 1**。どうしても言わないといない場合は、この表現で切り抜けましょう。

> **こんなフレーズも!**
> **The first time I went to my boyfriend's apartment, I did a number 2!**
> はじめて行った彼の部屋で、大きいほうしちゃった!

雑学 77

oughの発音は「オウ、ムズカシイ！」

oughという綴りを含む単語の発音に手こずっている方は大勢いると思います。それもそのはず、この綴りには実に9通りもの発音があるのです。9つの例をご紹介しますので、確認してください。

rough	（toughと同じ発音）
dough	（slowと同じ発音）
thought	（boughtと同じ発音）
plough	（howと同じ発音）
cough	（offと同じ発音）
through	（trueと同じ発音）
hiccough	（cupと同じ発音）
Scarborough	（goと同じ発音）
slough	（allowと同じ発音）

しっかりと発音をマスターするべく、これら9つの発音を一度に練習できる例文を紹介します。舌を噛まないように気をつけて。

A rough-coated, dough-faced, thoughtful plough-man strode through the streets of Scarborough; after falling into a slough, he coughed and hiccoughed.

「ごつごつしたコートを着込み、気は弱いが親切な労働者がスカボローの通りを大またで歩いていた。彼はぬかるみにはまってしまい、せきこんでしゃっくりした」

こんなフレーズも！
You spell it like you say it.
発音どおりに綴りなさい。

雑学 78

次の会議について話していたら同僚が、I have something up my sleeve. と言いました。手品でもやるの!?

have something up one's sleeve は「秘密の策がある」「奥の手がある」という意味の表現。同僚はまだ誰にも話していない、とっておきのアイデアがあると言ったのです。人に対して使うときは、「何かたくらむ」などネガティブな意味になる場合も。

類似表現に **ace in the hole** というフレーズがありますが、どちらもトランプからきた表現です。

> **こんなフレーズも!**
> Let's roll up our sleeves.
> 仕事に取りかかりましょう。

雑学 79

Are you pulling my leg? =「足を引っ張っているの?」ではありません。

これは **Are you kidding me?** と同じで、「からかっているのか?」「冗談だろ?」という意味です。足とはなんの関係もないのでご注意を。

> **こんなフレーズも!**
> Stop pulling my leg!
> からかわないでよ。

雑学80

たった1語でいい雰囲気が台無しです!

友達をパーティに誘うのに、「来ればいいじゃない?」という意味で **And why not?** と声をかけたら、怒られました。 **Why not?** と声をかけたなら、確かに「来ればいいじゃん?」という意味になります。でも文頭に **And** を加えてしまうと「なんで来られないの、説明しなさいよ」と、相手を威圧しているように聞こえてしまいます。

気が進まない相手を丁寧に誘うなら、**Please come.** や **Come on, join us!** という言い方がいいでしょう。またカジュアルに誘うなら、**It won't be any fun without you.**(あなたが来なくちゃ始まらないわ!)という言い方もお勧めです。

> **こんなフレーズも!**
> **And...?**
> それで?

雑学81

「ショックを受けた」= I got shocked. と言ったら、感電したと思われる!?

英語では、get shocked は通常「感電する」という意味。「衝撃を受けた」「ショックだった」と言いたいなら、I was shocked. が正解。

> **こんなフレーズも!**
> **This watch is shockproof.**
> この時計は衝撃に強い。

雑学 82

Are you the baby of the family？と聞かれたけど、私、赤ちゃんじゃありませんけど！

Are you the baby of the family? と言った相手は、「あなたは赤ちゃんだ」ではなく、「あなたは兄弟／姉妹の中で末っ子ですか？」と尋ねているのです。日本語にあって英語にはない語句・言葉・表現（あるいはその逆）に出くわして困ることがあります。日本語で兄弟／姉妹の順位を表す、長男／次男、長女／次女という語もその1つ。英語では単に、

Are you the oldest?
あなたが長男／長女なの？

Are you the youngest in the family?
あなたは末っ子？

No, I'm a second child.
いいえ、私は次男／次女です。

と順位を並べて言います。

> **こんなフレーズも!** **Don't be such a baby.**
> もっとしっかりしろよ。

雑学 83

待ち合わせに遅れた理由を聞いたら、I was dead to the world.とひと言。死んでいた!?

「死んでいた」と言ったわけではありません。**dead to the world** という表現は、「熟睡していた」という意味。よく寝ていたので目覚ましの音も何も聞こえなかったと言っていたのです。

The alarm clock went off, but I was dead to the world.
目覚ましは鳴ったみたいだけど、熟睡していて何も聞こえなかったんだ。

こんなフレーズも!
He's dead to me.
やつとは絶交したよ/もう友達でもなんでもない。

雑学 84

同僚が次回の会議を I'll vote with my feet. って言っていたけど… 足で投票するってどういう意味?

vote with one's feet は「足で投票する」という意味ではなく、不満なので抗議の証として「退席する」「棄権する」という意味。**I'll vote with my feet.**と言えば、次回の会議で検討する内容について、不満であれば欠席して、賛成ならば出席するよ、ということになります。

こんなフレーズも!
He has my vote.
彼の言うことのほうが正しいと思う。

雑学 85

「アルバイト」って英語でなんて言うの?

実は「アルバイト」はドイツ語。では「バイト」を英語ではなんと言うのでしょうか?「バイト」は英語では**part-time job**です。ネイティブは**I went to my part-time job last night.**(昨日の夜はバイトだったんだ)などと言います。日中の仕事の上に夜はバイトなどという場合は、**moonlighting**という表現を使います。

I moonlight as a piano player at that bar.
日中の仕事に加えて、夜間はあのバーでピアノを弾くバイトをしてるんだ。

こんなフレーズも! **I work the graveyard shift.**
深夜勤務をしています。

雑学 86

訪問先で Would you like some ladyfingers? と聞かれた。女性の指?そんなものいただけません!?

ladyfingerとは、指よりやや太めの大きさのスポンジ・ケーキのこと。デザートとしてアイスクリーム、プディングなどを添えて食べます。

こんなフレーズも! **Something is wrong, but I can't put my finger on it.**
間違いがあるが、指摘できない。

雑学87

誤解しやすい英語表現 ❷

apparent=「明らかな」。**apparently**と言えば「明らかではない」。
It's apparent that he's lying.（彼は明らかに嘘をついている）。
しかし、**apparently**とすると、「明らかではない」「見たところでは、外見上は」という意味に。ですから、**Apparently, he's lying.** で「彼は嘘を言っているような気がする」という意味になります。

> **こんなフレーズも！**
> **Apparently, he can't come.**
> どうやら彼は来られないようだ。

雑学88

学者、医者、弁護士は white collar、肉体労働者は blue collar。では在宅労働者は何カラー？

かっこよく言えば、**home-based entrepreneur**（家庭ベースの起業家）というような肩書きになりますが、通常は**open-collar worker**と呼んでいます。シャツのボタンを留めずに仕事しているところに由来しています。

> **こんなフレーズも！**
> **Nursing used to be a pink-collar job.**
> 看護師はかつては女性だけの仕事でした。

雑学89

49ersはフットボールのチームで、76ersはバスケットボール。86はなんのプロスポーツ？

スポーツのチームの名前ではありません。**86 (eighty-six)** には「お払い箱になる、〜が切れる（なくなる）」という意味があります。

I've been 86ed（eighty-sixed）. という表現は「私はクビになった」という意味。

1930年頃に、主に飲食業界で「客へのサービスを断る」という意味のスラングとして使われ始めたと言われています。やがてこれが「退散させる」という意味で一般に浸透していったようです。この表現の由来に関しては、昔ニューヨークの86番地にあったバーで酔客を外に追い出したところから、など諸説ありますが実際のところは定かではありません。他にも数字が使われる英語表現があります。

Put this in file 13.
ゴミ箱に入れて。

10-4.
わかりました。

That's A-1.
それはすごい。

Catch-22
ジレンマ状態。

こんなフレーズも！ CU 8ter!
またね!(See you later!) ＊チャットなどで使われる

雑学 90

lazy Suzanne（なまけもののスーザン）ってだれ？

lazy Susan＝「回転式調味料置き」のこと。食卓の上に置いてある、クルクル回る便利な調味料置き。日本にもありますよね。洋品店などで見かける回転式の陳列棚も、**lazy Suzanne [Susan] display** と呼ばれます。

こんなフレーズも！
Get up, lazybones!
起きろ、怠け者！

雑学 91

downtown は「下町」じゃない!?

「ダウンタウン」＝「下町」と思っている人が多いようですが、英語で**downtown**と言った場合は「繁華街」「商業地区」のことを差します。日本語の「下町」を英語にするなら、**He lives in the old residential area of Tokyo.**（彼は東京の下町に住んでいます）などという言い方ができます。

こんなフレーズも！
She's an uptown girl.
彼女は裕福な家の子です。
＊「彼女はスタイリッシュだ」という意味にも。（uptown 住宅地区）

雑学92
かなづちで殴られたら、酔っ払い?

hammered(かなづちで殴られた)というスラング表現は「酔った」という意味に。他にも日常会話でよく使われている「酔った」という意味の英語の表現を挙げてみます。

feeling no pain 痛みを感じない
loaded 満タン、詰め込んでいる
hammered 釘で打たれた
stewed 煮込まれた
wasted 浪費した
smashed 押し潰された
under the influence 影響下にある
zombied ゾンビになった

などなど。

> こんなフレーズも!
> **Mike looks hammered.**
> マイクすごく酔っているみたい。

雑学 93

アメリカ人の友達に、質問したら、You're asking me?とひと言。当然あなたに聞いてるんだけど…。

You're asking me? というひと言は、「私に尋ねているのですか?」と聞き返しているのではなく、「そんなこと私に聞いたってわからない」「私に聞いてもムダ」という意味。つまり、「他の人に聞いてよ」というニュアンスになります。

こんなフレーズも!
Don't ask me.
私に聞いてもムダ。 ＊わかりませんの意

雑学 94

ネイティブに How many fingers do you have?（指は何本ある?）と聞くと?

ネイティブに **How many fingers do you have?** と聞くと、20ではなく、おそらく"10"と当然のように答えるでしょう。英語では足の指は区別して **toe** と呼ぶので、**fingers** は手の指だけを指します。

こんなフレーズも!
He got a five-finger discount.
彼は万引きをした。

雑学 95
英語単語のミステリー　その❶

goには「話す」という意味もあります。**go**と言えば「行く」という意味でも使われますが、特に会話では**say**の代わりに**go**を用いることがあります。話のやりとりの中で、誰かがびっくりするようなことを言う場合に使い、「あの人ったらこうきたよ」というニュアンスになります。
例えば…

A: Did you tell Joe about the party?
ジョーにパーティのこと、話したの？

B: I did. I said,"Be sure to come to the party!"
And he goes,"I'd rather die."I couldn't believe it!
うん、話したよ。『パーティに来てね』って。
そしたら、『行くぐらいなら、死んだほうがましだよ』だって。もう、信じらんないよ。

こんなフレーズも!
That's the way it goes.
そういうものさ。／仕方がないよ。

雑学 96

ところ変われば、blueも変わる。

オーストラリアのスラングでblueは「言い争い」「ケンカ」を意味します。オーストラリア人がI had a blue with my wife last night.と言ったら、「昨日女房と言い争いになった」という意味。また、He made a blue.では「彼はミスを犯した」という意味にも。

こんなフレーズも!
He made a blue and got in a blue with his wife.
彼は過ちを犯し、妻とケンカになった。

雑学 97

「職業」によって異なる take care of (世話をする) の意味。

ベビー・シッター (a baby-sitter) のバイトをしている女の子がI took care of Jeffrey last week.と言うときは、「先週、ジェフリーの面倒をみたの」という意味ですから、今週もジェフリーに会うことができます。しかし殺し屋が同じセリフを言ったなら、もう今週はジェフリーには会えないかもしれません。なぜならtake care of Jeffreyというひと言は、始末する (=殺す) という意味になるからです。

こんなフレーズも!
Q. What are you doing?
　　何してるの?
A. Just taking care of business.
　　いつものことさ。

part 1 読むだけで楽しくなる! 単語・フレーズ・会話編

雑学98

リアクションと進化論の関係!?

I'll be a monkey's uncle. =「私は猿の叔父になる」ではなく、皮肉を込めて「信じられない!」と言うときの表現です。1871年にダーウィンの **The Decent Man**（進化論）が発行され、世界中にセンセーションが巻き起こり、**Creation**（創造論）を支持する人々からは、こき下ろされました。彼らの多くが、**I'll be a monkey's uncle.**（それじゃ俺は猿の叔父さんになるってことだ）と皮肉ったのが、この表現の始まりとされています。

> **こんなフレーズも!** **Stop the monkey business.**
> いたずらはやめなさい。
> ＊ monkey around ～にいたずらをする／ブラブラしている

雑学99

会話の口火を切ることを英語で break the iceと言います。

この表現の由来は船に関係が…。船を使って仕事をする人にとって、真冬は大変な時期。電動の工具が作られるまで、川岸に張っていた氷は手作業で割らなければ、船を岸に寄せられなかったのです。文字通り、「本題に入る」ために、氷を割っていたところからこの表現が生まれたと言うわけです。

雑学 100

会社の上司が It was a shot in the arm for us. って言っていたけど、注射なんかしないのに…。

a shot in the arm で「腕に注射を打つ」ことですが、「刺激、活性化させるもの」をたとえてこう表現することがあります。ですから、**It was a shot in the arm.** は「我々にとってよい刺激となった」という意味になります。

こんなフレーズも!
I got shot in the arm.
腕を撃たれた。

雑学 101

来店したネイティブに、「土曜日も開いているのか?」と聞かれ、It opens on Saturday. と答えたら、ちょっぴり変な顔をされた。

It opens on Saturday. では「土曜日に開店します」という意味に。「土曜日も営業しています」と言いたいなら、**It's open on Saturdays.** と表現します。

こんなフレーズも!
How's business?
元気か?
＊商売とは関係なく使えるカジュアルなあいさつ表現。

雑学102

Mother、M を取ったら？

かつてそんなCMがありましたよね？ しかしMをとっても「他人」という意味にはなりません。「他人」はothersです。otherは「他の」という意味になります。

こんなフレーズも！ **I don't care what others think.**
他人がどう思おうとかまわない。

雑学103

タクシー（taxi）をキャブ（cab）と呼ぶ理由。

cabとは古いイタリア語でヤギのこと。最初の頃のタクシーは揺れが激しく、その様子をヤギが丘をばたばた駆けているのと重ねたところからきているようです。

こんなフレーズも！ **Please call me a taxi.**
タクシーを呼んでください。
＊Please call me taxi.だと「私をタクシーと呼んでください」の意に。

雑学 104

I almost finished. と I'm almost finished. という言葉。似ているようで全然違います。

I almost finished. は「もう少しで終わったのに」という意味。マラソン競技などで力尽き、ゴールできなかったときには、**I almost finished.** と表現します。それに対して、**I'm almost finished.** は「もう少しで終わりそうだ」ということ。この表現、**I'm almost finished, so I'll help you when I'm done.**「もう少しで終わりそうだから、すんだら手伝うよ」というように使います。

> **こんなフレーズも!** **Almost!**
> 惜しい!

雑学 105

英語単語のミステリー　その❷

bad には「悪い」の反対の意味もあり、ネイティブの若者たちは、**bad** を「良い」という意味で使っています。この意味で用いる場合には、普通に発音するのではなく、**Baaad**(バ〜ッド)と伸ばして発音したほうが感じが出てよいでしょう。

> **こんなフレーズも!** **She's awfully nice.**
> 彼女ってすごくいい人!

雑学 106

I'll eat my hat if you win the game.
=君が勝ったら、帽子を食べる!?

試合の前に、**I'll eat my hat if you win the game.** と言われました。この意味は「君がもし勝ったら、帽子を食べる」ではなく、「君が勝つわけはない」という意味。**I'll eat my hat if ...** で「～なんてあるわけない」という意味。また、ネイティブは相手をほめるときに **I take my hat off to you.** と言うことがあります。これは「私はあなたに脱帽します」「頭が下がります」という意味です。

> **こんなフレーズも!** **It's in the hat.**
> もう決まったも同然だ。

雑学 107

His house burned up. と His house burned down. どちらの焼け方がひどい?

両方とも「すっかり燃える」、家が全焼したことを表現しています。**up** と **down** はそれぞれ「上」と「下」の方向を示す語です。ともにさまざまな動詞と結合してその動作の上方または下方への運動を表します。まったく逆ですが、この **burn up** と **burn down** は「ある動作をすっかり最後までやり通す」という同じ意味を表現しています。

> **こんなフレーズも!** **He burned up all his luck.**
> 彼は運を使い切った。

雑学 108
矛盾しているのに矛盾と思わずに使っている語。

shrimp（エビ）は好きですか? 特に**jumbo shrimp**（大エビ）は好き? でもこの語、実はちょっと変。英語で**shrimp**は「エビ」という意味もありますが、「小さいもの」のことを指すこともあります。**jumbo**は「大きい」という意味。つまり意味が対立し、矛盾しています。でも、ネイティブはそんなことは少しも気にせずに使っています。

> **こんなフレーズも!**
> **He's just a shrimp.**
> 彼はただのチビだ。

雑学 109
upかdownか。それが問題だ。

107の続きになりますが、英語の表現は理屈ではうまく説明できないものがたくさん。例えば**up**は上昇、**down**は下降を意味しますが、

He slowed up at the intersection.
He slowed down at the intersection.

という2つの表現はどちらも「交差点で減速した」という意味で、ほとんど変わりはありません。同じように「記入する」と言うときには、**fill in**、**fill out**どちらを使ってもかまいません。

> **こんなフレーズも!**
> **Life is full of ups and downs.**
> 人生は浮き沈みに富んでいる。

雑学110

outという単語の不思議。

the stars are out と言うときの**out**は「隠れていない、利用できる状態にある」という意味。**All the Hollywood stars are out because it's Oscar night.** と言えば、「アカデミー賞の晩なので、ハリウッドの全スターが勢ぞろいしている」ということになります。しかし **The lights are out.** というときの **out** は「消える」という意味。**The electricity is out.** とすると、「放電している」ではなく「停電している」ということ。

> **こんなフレーズも!**
> **Could you turn the lights out?**
> (= Could you turn the lights off?)
> 電気を消してくれる?

雑学111

久しぶりに会った友人に、You're a sight for sore eyes.と言われた。僕は目薬じゃないけど!?

a sight for sore eyes とは「会えてうれしい」「ほっとする」という意味。 **sore** には「悲しみ」という意味があるので、「悲しみに満ちた目に映った心安らぐもの」というイメージで、嬉しいときに使うひと言。

> **こんなフレーズも!**
> **You have bloodshot eyes.**
> 目が充血してるよ。

雑学 112
英単語のウラの顔はこんな顔 ❶

word: オモテの意味「言葉、単語」
　　　　 ウラの意味「約束」

英単語にはみなさんご存知の意味の他に、裏の意味を持つものがありますので、いくつか紹介していきます。

How many words does this dictionary have?
この辞書には単語はいくつ載っていますか？

She always keeps her word.
彼女は常に約束を守る。

keep one's word（約束を守る）、**man of his word**（約束を守る人）などの言い方で、**word**は「約束」という意味に。

こんなフレーズも！
He gave me his word.
彼が約束してくれた。
He broke his word.
彼が約束を破った。

雑学113

「ネイティブ」＝ a native English speaker（英語を母国語とする人）この常識は日本だけ!?

日本では「ネイティブ =a native English speaker」と思われています。英語を母国語とする教師に英語を習っているからと、**My teacher is a native.**と言う人が多いですね。アメリカ人にこう言ったなら、インディアンだと思われます。アメリカでは **a native**はインディアン（**Indian**）のこと。しかし現在では**Indian**という言葉は差別語とされているので、ほとんど使われません。代わりに、**Native people**や**Native Americans**などと呼んでいます。

こんなフレーズも! **The Akoya pearl is native to Japan.**
あこや貝は日本固有のものです。

> ネイティブと話すときは通じることが一番肝心!

雑学 114

まったく正反対の意味が同居している語。

cleaveという単語には、「ぴったりしがみつく、固守する」という意味と、まったく正反対の「裂く」という意味があります。

He cleaved a wing from the chicken with a large cleaver.
彼はとり肉の手羽を包丁で切り取った。

She cleaved to her parents.
彼女は両親に忠実である。

こんな
フレーズも！
She always cleaves her own path.
彼女はいつも自ら道を切りひらいている。

雑学 115

似たもの単語を使い分ける その❶
HiとHello。

Hi. と **Hello.** は、ニュアンス的にほとんど同じあいさつです。
しかし、人とあいさつをかわす場合、一方が **Hello.** を使ったら、もう一方は **Hi.** と言い、逆に、一方が **Hi.** と言ったら、もう一方は **Hello.** と言うのが普通です。

こんな
フレーズも！
Hi guys!
やあ！ みんな。

雑学 116

Jamはジャムでも Pearl Jamも toe jamも食べられません。

Pearl Jamはアメリカのバンドの名前。では**toe jam**（つま先のジャム）ってなんでしょう？ これは足の爪の垢や、足の指の間にたまった垢や汚れのこと。手指の垢は **the dirt in/under the（finger）nails** と呼びます。

では、**I cut the cheese.**これは何の表現でしょう？ もちろん「チーズを切った」という意味にもなりますが、ネイティブには「オナラをする」というスラングのほうが先に浮かびます。この表現は1950年代から使われるようになったと言われています。由来については、チーズを切ると臭いから、など諸説があります。

欧米では実に多種のチーズが食卓を賑わせています。ちなみに、ネイティブは臭いチーズを**sharp cheese**、逆ににおいの少ないチーズは**mild cheese**と呼びます。

「オナラをする」は**pass gas**（ガスが通過する）とも言いますが、**break wind**（直訳：風を切る）という婉曲表現もあります。

> **こんなフレーズも!**
> **I'm in a jam.**
> 困ったことになっている。

雑学 117

似たもの単語を使い分ける その❷
dirty と messy。

He's dirty. (あいつはすけべだ)
He's messy. (あいつはだらしない)

dirty は人について用いると、「エッチな」「下品な」といった意味に。He's dirty. は「彼はすけべだ」のようなニュアンスです。messy は「だらしのない」「散らかし放題の」といった意味で、整理整頓ができない人をこのように言います。
dirtyは「不潔さ」を表し、messyは「散らかった様子」を表します。

> **こんなフレーズも!** **He has a dirty, messy desk.**
> 彼の机は散らかっていて汚い

雑学 118

schoolがギリシャ語では意外な意味に。

school(学校)という単語。ギリシャ語だとleisure(余暇)になります。

> **こんなフレーズも!** **I graduated from the school of hard knocks.**
> いろいろと厳しい体験を重ねてきた。

雑学119

英単語のウラの顔はこんな顔　その❷

mean: オモテの意味「意味する」（動詞）
　　　　ウラの意味「意地悪な」（形容詞）

It's true that he's mean, but that doesn't mean he doesn't have any friends.
彼は確かに意地悪だが、それは必ずしも彼に友達がいないという意味ではない。

動詞の **mean** は「意味する」「〜というつもりである」などの意味ですが、同じ綴りでも形容詞の **mean** は「意地悪な」というマイナスイメージの言葉になります。

こんなフレーズも！　**I don't know what you mean.**
言っていることがわかりません。

雑学120

Bless your heart＝ Thank you !?

Bless your heart. は **Thank you.** と同じ意味の表現になります。でも、**Bless your little heart.**（直訳：あなたの小さい心に恵みを）と言われたら、それは「まったくとんでもないことしてくれたわね」という逆の意味になります。

こんなフレーズも！　**Bless you.**
お大事に。
＊くしゃみした人に向かって言う気づかいのひと言

雑学 121

「クビになる」をget firedと言うわけは?

好ましからざる人物を殺すことなく排除したいと願った昔の部族は、彼らの家を焼き払っていました。そこから **get fired**「クビになる」「解雇される」という表現が生まれました。

こんなフレーズも!
I got a pink slip this morning.
今朝解雇された。
* pink slip 解雇通知

雑学 122

英単語のウラの顔はこんな顔　その❸

wash: オモテの意味「洗濯、洗うこと」
　　　　 ウラの意味「おあいこ、チャラ」

Give your dirty shoes a good wash.
その汚い靴をよく洗いなさい。

You owe me $50, but if you help me move I'll make it a wash.
君には50ドルの貸しがあるけど、手伝ってくれるならチャラにしてあげるよ。

名詞の**wash**には「とんとん」という意外な意味もあります。

こんなフレーズも!
That investment was a wash.
その投資による儲けはとんとんだった。

雑学 123

Tell me about it. というひと言、状況によっては2つの意味が!?

その1： あなたがおもしろい話、いい話があると相手に言って
こう返答したとき→「教えて」

その2： あなたが経験した嫌なことや、大変なことを話した後に
相手がこう言った場合→「こっちだって同じだよ」、
「そんなこと知ってるよ」（皮肉）

このひと言は、相手の言葉をしっかりと聞き、どの意味になるのか判断しましょう。

こんなフレーズも！ **Don't tell on me.**
つげ口しないで。

雑学 124

politically correct＝リストラされた？

会社をクビになったと言いづらいとき、ネイティブの中には **I got a career-change opportunity.**（転職の機会を得たのさ）というような表現を使う人がいます。これなら面目が潰れることはありません。他に、**decruitment**（リクルートの反対の意味）、**reshaping**（やり直し）、**repositioning**（再編）、**involuntary separation from payroll**（やむをえず従業員名簿から外れる）などと表現することも。

こんなフレーズも！ **I'm between jobs.**
失業中です。　＊直訳 仕事と仕事の間にいる。

雑学 125

「ベーコンをこんがり焼く言葉」ってどんな言葉？

language that would fry bacon（ベーコンをこんがりと焼く言葉）とは、英語で **fuck, shit, mother fucker, God damn it.** などの、ののしり言葉。相手を **hot**（怒らせる）にさせる言葉をユーモアたっぷりに表現したのです。

> **こんなフレーズも！**
> **Watch your language.**
> 汚い言葉を使うのはやめなさい。

雑学 126

友達が He gave me the bird. と怒ってる。鳥なんてどこにもいないのに。

He gave me the bird. は「中指を立てられた」という意味。これ以外にも **He gave me the finger.** や **He flipped me off.** など、いろいろな言い方があります。
また、この中指を立てるという行為の始まりは、古代ローマ時代にまでさかのぼります。

> **こんなフレーズも！**
> **He fingered a magazine.**
> 彼は雑誌を盗んだ。

雑学 127

white elephant は「無用の長物」。

白い象は飼育に非常に金がかかることから、「始末に困るもの」「やっかいなもの」というニュアンスがあります。大昔、タイの国王が失脚させたい部下にわざと贈って破産させたことから生まれた表現だと言われています。

こんなフレーズも！ I'm having a white-sale.
不用品セールをします。

雑学 128

draw a blank＝空白を描くってどういう意味？

draw a blank という表現は、「答えがわからない」「何を言えばよいかわからない」という意味。

**My boss asked me for suggestions,
but I drew a blank.**
上司に提案を求められたけど、何も浮かばなくて。

**No matter how hard I tried to remember
his name, I kept drawing a blank.**
どんなに頑張って彼の名前を思い出そうとしても、さっぱり思い浮かばなかった。

というように使います。

こんなフレーズも！ He drew his pistol.
彼はピストルを取り出した。

雑学 129

Googleは動詞にもなっています。

ネットを使って検索するとき、あなたが最もよく利用するサーチ・エンジンはなんでしょうか？ **Yahoo**ですか、それとも**MSN**？アメリカでは**Google**の商標がそのまま「検索する」という意味の動詞として使われています。日本語の「ググる」と同じです。
またなんでも検索する人や検索の達人のことを**Googler**と言います。

If you don't know, Google it.
わからなきゃ、検索してごらん。

Wait, I'll see if I can Google up an answer.
ちょっと待って。答えが見つかるか検索してみるから。

というように使います。
ちなみに、**yahoo it**とか、**goo it**などの使い方はしません。

こんなフレーズも！
Don't be a yahoo!
下品もいいかげんにしなさい！
＊ Yahooという言葉は1726年 Jonathan Swiftのガリバー旅行記（Gulliver's Travels）ではじめて使われ、「下品な人」という意味。

雑学 130

スリムもファットも同じ意味!?

「成功する見込みは極めて少ない」というとき、英語ではよく **slim chance**（細いチャンス）と表現します。例えば、

There's only a slim chance that he'll pass the test.
彼が試験に合格する可能性はほとんどない。

というように用います。ところが、同じ状況を表すときに **fat chance**（太いチャンス）とも言うのです。**slim**と**fat**では正反対なのに、意味は同じなのです。

> こんなフレーズも！ **There's a good chance he'll die.**
> 彼は亡くなる可能性が高い。

雑学 131

左から読んでも右から読んでも同じ。

日本語では「上から読んでも下から読んでも」同じになる文のことを「回文」と言いますが、英語では**palindrome**といいます。例えば、

A Santa at NASA.
NASAのサンタ。

A man, a plan, a canal: Panama!
人あるところに計画あり、運河と言えばパナマなり。

雑学 132

英単語のウラの顔はこんな顔　その❹

athlete's foot: オモテの意味「スポーツマンの足」
　　　　　　　　ウラの意味「水虫」

I have athlete's foot on my left foot and it's really itchy.
左足に水虫ができてとてもかゆい。

「水虫」は、医学用語では **tinea pedis** と呼ばれます。

> **こんなフレーズも！** **I'm getting crow's feet.**
> 目じりに小じわができてきたの。
> ＊直訳 カラスの足跡

日本人は緊張でよく笑います。もっと堂々とsmileを!

雑学 133

英語の発音の多様さが生んだ新語？

英語の発音は実に多様です。例えば、**ghoti**という語。この単語自体に意味はありませんが、綴りではなく英語の発音の法則に従うと**fish**と読めるのです。**gh**は**rough**、**o**は**women**、そして**ti**は**action**と同じように発音してみてください。少し強引だけど**fish**になるのでは?

こんなフレーズも!
It's pronounced like it's spelled.
その単語はスペル通りに発音すればいい。

雑学 134

「金欠、文無し」を英語でbrokeと言うけど、由来は?

17世紀のヨーロッパの銀行の多くが、債務者に対して小さな陶器製の貸札を発行していました。その貸札には債務者の名、クレジットの限度額、銀行名が入れられ、銀行で金を借りる債務者には札の持参が義務づけられていました。債務者の借入れ額がクレジット限度額を超えてしまう場合は、銀行の係員がその場で貸札を壊していました。それで、金欠を**broke**と呼ぶようになったのです。

こんなフレーズも!
I don't have any time or money.
貧乏暇なしです。

雑学 135

fastは「速く動く」と、その反対の「停止中」という両方の意味を持つ?

fastが常に「素早い動き」を意味するとは限りません。**Tie the rope fast.** と言うと、「まったく動かないようにロープで結べ」という正反対の意味になります。飛行機でよく**Fasten your seatbelt.**（シートベルトをお締め下さい）というアナウンスが流れますね。

こんなフレーズも! **If you use this glue, it'll hold fast.**
この接着剤を使えば、しっかりとくっつくよ。

雑学 136

英語っていい加減!?

英語の名称には、本来の意味を無視したいい加減なものがたくさん。**English muffins**＝「イギリスのマフィン」と呼びながら実はアメリカ生まれ。スィートミーツ（**sweetmeats**）は「甘い肉」なのにキャンディの一種。スイートブレッド（**sweetbread**）は、パンではなく子牛・子羊の内臓を料理したものだったりします。

こんなフレーズも! **You're so sweet.**
あなたって優しい人ですね。

雑学 137

coolはどんどん進化している!?

I'm cool. は「私は涼しいです」という意味のほかに **cool** は「かっこいい」「イケてる」という意味で使われてきました。ところが最近、この **cool** の使い方が少し変わってきています。若い世代の間では **cool** は「やめておく」「私は大丈夫」という意味で使われることがあります。人に何かすすめられたり、誘われたときに I'm cool. と言えば、「自分は遠慮する」と断りの意味に。まだ一般的ではないのですべてのネイティブ・スピーカーに浸透しているわけではありませんが、ストリートを「職場」とする **police officer**（警官）はその影響を受け、彼らの間でも広まりつつあるようです。映画やドラマなどでもよく目にするシーンです。

こんなフレーズも! He's always cool-headed.
彼はいつでも冷静沈着だ。

> 失敗の数だけ
> 英語は上達します！
> Go for it!

雑学 138

fitという語はアメリカでもイギリスでもほめ言葉に違いはないんですが…。

日本でもフィットネス(**fitness**)という言葉が定着してきました。**fitness**は **fit**(適正な形、優良な健康状態という意味)の名詞形です。アメリカでは、**You're really fit.**と言えば、「あなたはとても健康的だ」とほめるひと言になります。でもイギリスでは、相手が女性の場合はちょっと微妙な表情を見せるかもしれません。なぜなら、「ねえちゃん、いい体してんじゃねーか」という解釈に。イギリスでは **fit** という語は「肉感的な体をしている」という意味のスラングなのです。

こんなフレーズも!
I'm as fit as a fiddle.
とっても元気ですよ。
＊as fit as a fiddle 元気で／ぴんぴんして

雑学 139

I have 1.0 vision.と言っても、視力1.0とは伝わりません。

「視力は1.0です」＝ **I have 1.0 vision.** では通じません。英語で視力の1.0は20/20(トゥエンティ/トゥエンティ)と表します。「視力が正常、正常視力の、よく見える、洞察力がある」という意味。20フィート離れたところから1/3インチの文字が識別できる、つまり日本での視力1.0に相当します。

こんなフレーズも!
I have 20-20 (twenty-twenty) vision in both eyes.
視力は両目共に1.0です。

雑学 140

ネガティブな言葉はポジティブな言葉の2倍！

英語では、**sad**（悲しい）、**upset**（取り乱して）、**disappointed**（失望して）といった否定的な感情を表現する言葉の数が、**delighted**（嬉しい）、**happy**（幸せな）、といった前向きな言葉のなんと2倍もあるんです。

こんなフレーズも！ Don't be a sad sack.
暗い顔をするなよ。

雑学 141

funny bone（おかしな骨）？
骨がおもしろいわけではありません。

funny boneとは、ぶつけるとジーンと痺れる、ひじにある骨のこと。医学用語では **humerus**と、綴りが **humorous** と似ていることから、シャレで生まれた言葉。ここから、ユーモアを解する心も意味するようになりました。

What's the matter? Did you hit your funny bone?
どうしたの？ ひじの骨をぶつけたの？

こんなフレーズも！ That tickle my funny bone!
おもしろかった！
＊ tickled my funny bone 人を笑わせる

雑学 142

「ハッピー？」
「うん、まるで"貝みたいに"」

とてもハッピーなとき、うれしくてたまらないとき、英語では **happy as a clam** と表現することがあります。会話でよく使われるカジュアルな表現。**I'm happy as a clam.**（むちゃくちゃ幸せ）と言ったりします。

でも、なぜ「貝みたいに」ハッピーなんでしょうか？

満潮だと浜辺で潮干狩りをする人がいなくなるので、それを貝の身になって表したのがこの表現。

また **happy as Larry** と表現することもあります。こちらの由来については定かではありませんが、**Larry** とは聖書の中に登場する、死んだ後にキリストによって生き返ったとされる **Lazarus**（ラザロ）のことで、生き返ったらさぞうれしいだろうということで、この表現が生まれたと言われています。

こんなフレーズも！ She's a happy camper.
彼女は今の状況に満足している。

Part 2
読むだけで楽しくなる!
英語カルチャー編

雑学 1

アメリカの各州のニックネーム。

アメリカの各州にはそれぞれ愛称がついています。

カリフォルニア州（**California**）は1848年に金脈が発見され、一攫千金を狙う多くの移民を引きつけたところから **Golden State** と呼ばれています。デラウェア州（**Delaware**）には4つの愛称があります。独立期13州の中で最初にアメリカ合衆国憲法を批准したので **First State**、東海岸の中で戦略的に最も「価値のある」場所に位置するので **Diamond State**、デラウェア州独立戦争期のデラウェア州の兵士たちの娯楽だった闘鶏にちなんで **Blue Hen State**、小さいながら、国に及ぼす影響は大きいというところから、最近では **Small Wonder State** と呼ばれることもあります。

> **こんなフレーズも！** **The state is in a state of emergency.**
> その州は緊急事態にあります。
> * state of emergency 緊急事態

雑学 2

「アメリカ人はテーブル・マナーにはうるさくない」なんていうのはウソ!?

アメリカ人の家庭に食事に招かれることもあるでしょう。
アメリカ式テーブル・マナーの極意とは!?

● 全員の盛りつけが終わるまで手をつけてはいけません。ただし冷める

のを嫌がる人もいますので、もてなしてくれている人に聞いてみましょう。
- 酒類つきの食事の場合、全員に飲み物が行き渡るまで飲まないこと。
- 左利きでない限り、アメリカでは右手を使って食べるのが基本です。左手にフォークを持ち、右手のナイフで切るところはヨーロッパと同じです。
- 使わない手はひざの上に置きます。前腕はテーブルの上にのせてもかまいませんが、肘をついてはいけません。
- 食べ終わって食器を片づけてもらいたいときは、ナイフとフォークを揃えて皿の上に置きます。
- スープなどが入ったボウルは、スプーンを使って1口ずつ口に運びます。直接口をつけてすすってはいけません。
- ゲップが出そうなときは必ず **Excuse me.** とひと言断ります。できればがまんします。
- 話をするときは、口の中をカラにしておくこと。
- 食べ終わったその場でたばこを吸ってはいけません。吸う場合は喫煙が許されている空間に移動する、あるいは全員が食べ終わったら、許可をもらって吸うようにします。

こんなフレーズも!
Mind your manners.
行儀よくしなさい。
＊親が子供によく言う決まり文句

雑学 3

大陸の名は、語頭と語尾の文字が同じ。

大陸名の綴りを見てください。

Asia, Africa, Europe, America, Australia, Antarctica

何かに気づきましたか？　語頭と語尾が同じアルファベット。
偶然でしょうがおもしろいですね。

> **こんなフレーズも！** He has a mansion on every continent.
> 彼はあちこちに家があるぐらいの大金持ちだ。

雑学 4

チーズバーガーはコロラド州生まれ。

チーズバーガー（**cheeseburger**）といえば、典型的なアメリカの味の1つですが、コロラド州のデンバーがこの発祥地であると主張しています。**Humpty Dumpty Drive-In**という店の店主さんが、トッピングとしてチーズをのせることを考案し、1935年に商標登録されたと主張しています。

> **こんなフレーズも！** Double cheeseburger, no pickles.
> ダブルチーズバーガー、ピクルスなしでお願いします。

雑学 5

超高層ビルがひしめくニューヨーク。愛称"Big Apple"と呼ばれる理由は?

1920年代にニューヨークのある新聞記者がニューオリンズの厩舎を訪れ「ここの馬はどこへ行くのか?」と尋ねたところ、「**Big Apple**(ニューヨークの競馬場を指す)に行く」との返答が。ニューヨークの競馬場は、当時の馬にとって「最高の(**big**な)舞台」と考えられていました。**apple**は馬の好物。最高の舞台であるニューヨークの競馬場を、馬のごほうびのりんごと結びつけ、**Big Apple**と呼ぶようになったことが由来だと言われています。

こんなフレーズも! **She's the apple of my eye.**
彼女は目に入れても痛くないほどかわいいよ。
＊ apple of one's eye 〜にとってとても大切な人

雑学 6

アメリカ、州名の由来は?

「コロラド」はスペイン語で「赤」の意味。アラバマ、コネティカット、ケンタッキーは、ネィティブ・アメリカンの言葉でそれぞれ、「草木を集める人」「長い河」「暗く血塗られた大地」、を意味し、バーモントはフランス語で「緑の山」を意味すると言われています。

こんなフレーズも! **Where does the word Colorado come from?**
「コロラド」の由来はなんですか?

雑学 7
アメリカ1ドル札は暗号だらけ!?

現在のアメリカ1ドル札が初めて登場したのは1957年。
俗に**paper money**（紙幣）と呼ばれていますが、実は紙ではなく、綿と亜麻それに絹を混ぜた織物。
この1ドル札、裏面に多くの秘密が隠されています。
まず2つの輪が目に入りますが、これは2つでアメリカ合衆国の公式印となります。左側の輪にはピラミッドが描かれています。よく見ると、顔には光があたっていますが、西側は暗くなっています。これはまだ国家として誕生したばかりのアメリカを表し、西側が未開である、あるいは国家として西洋文明にどのような貢献ができるかということを示しています。ピラミッドの頂上部分が欠けているのも、国家として未完成であるということを表しています。
ピラミッド内部には、古代に神聖とされた目が描かれています。これは、「1人では何もできないが、神の力を持って人々が協力すれば何ごとも達成可能である」というフランクリンの考えを表しています。**IN GOD WE TRUST**はそのまま「われらは神を信じる」という意味。ピラミッド上の**ANNUIT COEPTIS**という言葉はラテン語で、「神はわれらの労苦を豊かに恵んでくれた」、ピラミッド下側の**NOVUS ORDO SECLORUM**は、「新たな秩序の始まり」という意味だそう。ピラミッド下にはローマ数字で**1776**とあります。右側の輪の部分はアメリカのどの国営墓地にも同じものが記され、戦没者（＝国の英雄）を称える墓碑の真ん中にも刻まれています。これはアメリカ合衆国大統領印にアレンジをしたものです。

アメリカハゲワシは、嵐にも負けない逞しさと大空を大胆に飛ぶことができる明晰な頭脳、そしてイギリス国王から独立し自由であることを表しています。盾に支えがないのは、アメリカが自らの足で立てるという印です。盾上部の白い棒は、アメリカを1つの国家として結ぶ議会を表しています。ワシのくちばしにある **E PLURIBUS UNUM** は、多数からの1つ、つまり「多国籍の人々からなる1つの国家」を意味しているのでしょう。ワシの上の13の星は独立期の13植民地を表しています。ワシの爪がつかんでいるものはオリーブの枝と矢です。これは平和を望んでいるものの、平和を保つためには戦闘もいとわないというアメリカの姿勢を示しています。

1ドル札についてきちんと説明できるアメリカ人はなかなかいないはず。

こんなフレーズも!
We have to stretch our dollars.
お金をめいっぱい有効に使わないといけない。
＊直訳すると「札を延ばさないといけない」

part 2 読むだけで楽しくなる！英語カルチャー編

雑学 8

The Windy City(風の街)の愛称を持つ街は?

シカゴは **The Windy City**(風の街)というニックネームで呼ばれていますが、実は風の強さは全米で16番目。ミシガン湖から冷たい風が吹きつけることから、そう呼ばれるようになったとか。ちなみに風が一番強い州はミルウォーキーだそうです。

> **こんなフレーズも!** **She's a windbag.**
> 彼女はおしゃべりだ。

雑学 9

ゴールドラッシュはカリフォルニアが最初ではありません。

カリフォルニア州の愛称は **Golden State**。これは1848年に、James Marshallという人がカリフォルニアで金鉱を見つけ、ゴールドラッシュへとつながったところに由来します。でもアメリカのゴールドラッシュは、およそ50年も前にノース・カロライナ州で起こっているのです。ある少年が親の農地で金塊を見つけたことがきっかけとなり、その後20年以上にも渡って全米に金を供給したのです。

> **こんなフレーズも!** **Silence is golden.**
> 沈黙は金。

雑学 10

アメリカに実在する変な地名　その❶

ノースカロライナ州には **Tick Bite**（ダニに噛まれた）という地名があるかと思えば、バーモント州には **Mosquitoville**（蚊の村）なんてところがあります。同じバーモント州には **Satans Kingdom**（悪魔の王国）なる町があり、ウェストバージニア州には **Looneyville**（間抜け村）という地名があります。

こんなフレーズも!
I was born in New York, but my hometown is Miami.
ニューヨーク生まれのマイアミ育ちです。

雑学 11

アメリカ東部で独特の文化を形成している Pennsylvania Dutch（ペンシルベニア・ダッチ）はオランダ人ではありません。

彼らは18世紀にドイツから渡ってきた移民を祖先に持つドイツ系の人々。ドイツ語を話す人も大勢。ドイツ系なのに、なぜ **Dutch**（オランダ人）と呼ばれるのか？　ドイツを意味する **Deutsche** が訛って **Dutch** になった、当時の移民船がロッテルダムから出航していたから、ドイツからの移民の中には、ライン川のオランダ寄りの出身者が含まれていたからなど諸説あります。

こんなフレーズも!
I don't speak a word of German.
ドイツ語はまったくわかりません。

雑学 12

カリフォルニアのシリコン・バレーの歴史。

IT関連会社がひしめくカリフォルニアのシリコン・バレー（**Silicon Valley**）。コンピューター・チップに使われるケイ素（**silicon**）からこの呼び名がつきました。ここに最初に移ってきたIT企業はヒューレット・パッカード社（**Hewlett-Packard**）で、今から70年以上前の1938年のことです。

> **こんなフレーズも！**
> **Silicon is made from silica, which is found in sand.**
> シリコンは砂に含まれるケイ素から作られる。

雑学 13

カナダの信じられない法律。

カナダ・オンタリオ州（**Ontario**）のオタワ（**Ottawa**）では、日曜日にBank通りでアイスクリームを食べることは違法です。

> **こんなフレーズも！**
> **Don't break the law.**
> 法律を破るな。

雑学 14

アメリカ50州のうち10州は実在の人名より名づけられた!?

アルファベット順にその10州を並べると…

Delaware
Thomas West, 3rd Baron De La Warr（トーマス・ウェスト）

District of Columbia
Christopher Columbus（コロンブス）

Georgia
イギリス国王 George Ⅱ（ジョージ2世）

Louisiana
フランスの王 Louis XIV（ルイ14世）

Maryland
Henrietta Maria de Bourbon（イギリス国王チャールズ1世の后）

North Carolinaと**South Carolina**
イギリス国王 Charles Ⅰ（チャールズ1世）

Pennsylvania
William Penn （ウィリアム・ペン）

Virginia と**West Virginia**
Virgin Queenと呼ばれたイギリスの女王 Elizabeth Ⅰ（エリザベス1世）

こんなフレーズも！ What's the capital of California?
カリフォルニアの州都は？
＊ Where's the capital of...? とは言わないので注意。

雑学 15

アメリカに実在する変な地名　その❷

全米には実在するおもしろい地名パート②

- アリゾナ州　**Why**　なんで?
- アイダホ州　**Beer Bottle Crossing**　ビール瓶が横断中!?
- カンザス州　**Zurich**　スイスの地名では…?
- ミシガン州　**Gay**　同性愛者の街ではありません。
- ミズーリ州　**Frankenstein**　本当にあるんです!
- テキサス州　**Ben Hur**　年配の方はよくご存知のCharlton Hestonの名作のタイトル。

> **こんなフレーズも!**
> **What a strange name for a city!**
> 都市の名前とは思えない!

雑学 16

南米で唯一の英語圏とは?

南米各国の公用語はスペイン語かポルトガル語と思われがちですが、英語を公用語としている国もあります。それは南アメリカ北東部の **Guyana**（ガイアナ）。1966年に独立して協同共和国となったこの国は、もともと英国領でした。

> **こんなフレーズも!**
> **Hasta la vista.**
> また会おう。（=See you later.)
> ＊英語ネイティブなら誰でも知ってるスペイン語の表現。

雑学 17

アメリカに実在する変な地名　その❸

アメリカ、ミシガン州に **Hell**（地獄）という名の小さな村があります。人口わずか266人。おもしろいことに、そこからほど近い場所に **Paradise**（天国）という町もあります。

そのほか、おもしろい地名をさらにピックアップ。

Beersville　　ビールの村
Boring　　　　退屈
Santa Claus　サンタクロース

> **こんなフレーズも！**　**That stinks to high heaven.**
> ものすごく臭い。

雑学 18

アラスカ州の値段はわずか720万ドル!?

1867年、アメリカの国務長官だった **William Seward** が、ロシアを説得して、わずか720万ドルでアラスカ州全土を手に入れたのでした。それでも、当時の国民は金の無駄遣いだと **Seward** を責め、アラスカを **Seward's Folly**（スワードの愚行）と呼んでいました。しかしのちに豊かな天然資源が見つかりました。

> **こんなフレーズも！**　**No folly to being in love.**
> 愛ほどの狂気はない。

雑学 19

.com（ドットコム）という名の町!?

アメリカオレゴン州の東部に**Halfway**という町があります。観光を主な収入源とする人口わずか45人の小さなこの町は、**Half.com**という名前で呼ばれていました。**half.com**という会社が、事業活性のためにこの町の名前を1年間だけ変えた（非公式）からだそうです。

こんなフレーズも！ Amazon got started during the dotcom boom of the 1990s.
アマゾンはdotcomのブームに設立されました。

雑学 20

公衆電話の発祥地はコネチカット州。

公衆電話は一般的に**pay phone**と呼ばれます。正確に英語で表現すれば、**coin-operated phone, self-service coin telephone**というところ。公衆電話はコネチカット州**Hartford**在住の**William Gray**という発明家が1889年に特許を取り、またたく間にホテル、レストラン、バーなどに普及していきました。

こんなフレーズも！ Mobile phones have made the pay phone a dinosaur.
携帯は公衆電話を恐竜（過去のもの）にした。

雑学 21

L.A.と略されますが、実は Los Angelesでもフルネームではないんです。

Los Angelesという地名のフルネームは、El Pueblo de Nuestra Senora la Reina de los Angeles de Porciuncula（ポルシウンクラ川の天使たちの聖母の町）。18世紀にスペイン人の伝道者たちによって命名されました。19世紀半ばに、アメリカが領地としてメキシコより入手し、1850年にカリフォルニア州の一部となりました。

こんなフレーズも! Have you ever been to L.A.?
ロスへ行ったことはありますか？

雑学 22

アメリカは実は50州ではなく47州しかない!?

「厳密に言うと」と、ケンタッキー、マサチューセッツ、ペンシルベニア、ヴァージニアの4州は正式には連合州（**commonwealth**）と呼ばれているので、「1つ」と考えられないこともないでしょう。

こんなフレーズも! What state are you from?
何州の出身ですか？

雑学 23

世界最短の川はアメリカにある!?

アメリカには世界最短と言われている川が3本もあるのです。
オレゴン州の**Lincoln City**近く、**Devil's Lake**から太平洋に流れ込んでいる**D River**が約37メートルで最短。モンタナ州の**Great Falls**近くを流れる**Roe River**の約60メートルだ。いやいや、最短はテキサス州の**Comal River**だ、といくつかの説が。いずれにしても、最短の川がアメリカにあるということは確かのようです。

こんなフレーズも! **She cried a river of tears.**
彼女は川ができるほど泣いた。

雑学 24

地球にあるのに「地球外」と呼ばれる場所。

ネバダ州ルート375にある、**Crystal Springs**と**Warm Springs**の間は100マイルに渡って「地球外ハイウェイ(**Extraterrestrial Highway**)」と呼ばれています。1950年代にUFOが落下し、その破片と宇宙人の遺体を回収および保管したと言われている**Nellis**空軍基地のすぐ近くを走っています。

こんなフレーズも! **She has eyes like ET's.**
彼女はETみたいな目をしているね。

雑学 25

愛称好きのアメリカ人。自国さえも!?

アメリカ合衆国には **Uncle Sam** という愛称があります。1812年、戦時下で **Elbert Anderson** という政府の担当者の下請け業者として、アメリカ陸軍に肉を供給していた **Samuel Wilson** という人がいました。彼が供給していた物品にはすべてアメリカ合衆国の略であるU.S.というスタンプが押されていました。このU.S.の部分が何を意味するのか尋ねられた労働者の1人が、「**Uncle Sam**（=Sam Wilson）のことですよ」と答えたのがきっかけです。

こんなフレーズも!
I work for Uncle Sam.
アメリカ政府の官僚をしています。

雑学 26

日本では携帯電話の普及率が伸び続けていますが…。

全世界の人口のうち、実に50％以上が電話を使ったことがありません。
＊2007年現在

こんなフレーズも!
You live in the Stone Age!
電話持ってないの!?
＊直訳 石器時代の人!?

雑学 27

日本人より働き者のアメリカ人?

アメリカには法で定められた休日(**federal legal holidays**)は年に10日だけ。
州によって違いますが、基本的には以下のとおりです。

New Year's Day （元日）
前日の大晦日には多くの人が派手にパーティを開き、そのまま年明けを祝います。

Martin Luther king Jr. Day　キング牧師誕生日(1月の第3月曜日)
公民権運動の指導者、キング牧師の生誕を祝う日です。

Washington's Birthday　大統領誕生日(2月の第3月曜日)
2月22日生まれのワシントン大統領の誕生日を祝います。

Memorial Day　戦没者記念日(5月の最後の月曜日)
この日を迎えると、人々は夏の到来を実感します。各地でパレードや慰霊式が行われ、ピクニックやバーベキューを楽しみます。

Independence Day　独立記念日(7月4日)
俗に **the Fourth of July** と呼ばれています。バーベキューをしながら、花火を見るのが定番コース。

Labor Day　労働者の日（9月の第1月曜日）
夏休みの最後の日です。

Columbus Day　コロンブス祭（10月の第2月曜日）
正式には10月12日ですが、10月第2月曜に休むのが習慣になっています。新大陸を発見したコロンブスを記念する日です。

Veterans Day　復員軍人記念日（11月11日）
veteranとは退役（復員）軍人のこと。元来は **Armistice Day**（休戦記念日）と呼び、第一次世界大戦の休戦を祝う日でしたが、1954年に解釈が拡大され、復員・退役軍人を祝う日となり名称も変更されています。

Thanksgiving Day　感謝祭（11月の第4木曜日）
プリマス植民地で1621年に初めて収穫を得たことを祝う日で、ターキーを食べるだけの日ではありません。

Christmas Day　クリスマス（12月25日）
キリストの誕生を祝う日です。日本では恋人同士で過ごすことが多いようですが、多くのアメリカ人は家族と過ごしています。

こんなフレーズも！

Q. How was your day?
今日はどうだった？

A. It was no holiday.
最悪だったよ。

雑学 28

アメリカの信じられない法律　その❶

オクラホマ州（**Oklahoma**）では、魚を酔わせることと、捕鯨が禁止されています。しかしオクラホマには海はありません。

> **こんなフレーズも!**
> **He broke the law.**
> 彼は法律違反をしました。

雑学 29

イギリスのパブリック・スクール（public school）が、アメリカでは私立校（private school）！？

イギリス人が言うところの **public school** は、アメリカでは **private school**（私立校）を意味します。イギリスの **public school** は中等学校にあたり、その多くは私的な団体によって運営されているので、こう呼ばれています。中流以上の子息を対象としているところが多いため授業料は大変高く、また国中から生徒を募集するので競争率も高くなります。

> **こんなフレーズも!**
> **I don't want to be a public figure.**
> 有名人にはなりたくないです。

雑学 30

アメリカの信じられない法律　その❷

ウィスコンシン州（**Wisconsin**）のミルウォーキー（**Milwaukee**）では、ペットのゾウを散歩させるときはリードをつけることが義務づけられています。

こんなフレーズも！ **What were the lawmakers thinking?!**
（この法律を作って…）立法者（議員など）はいったい何を考えていたんだろう?

雑学 31

アメリカではドライブウェイでの車の運転はNG。パークウェイでの駐車もNG!?

drivewayはアメリカでは「私有の車道」のこと。自宅の車庫から道路までの間のごく短い道を指してこう呼びます。**driveway**は、道路に移動する以外は基本的に車を停めるための場所。それに対して**parkway**で駐車はできません。**parkway**とは景観の美しい道路のことです。

こんなフレーズも！ **Someone is parked in my driveway.**
誰かが家の私道に車を停めている。

雑学32

独立宣言の署名にこんなエピソードが!?

アメリカでは自筆の署名のことを **John Hancock**(ジョン・ハンコック)と表現することが。ハンコックはアメリカ大陸会議のメンバーに選出され、議長を務めるなど、独立期のアメリカで重要な仕事を担った人物です。独立宣言にある、彼の署名は他の人よりもひときわ大きく、その理由はイギリスの国王が眼鏡なしでも読めるようにとの配慮から、と言われています。

> **こんなフレーズも!** **I need your John Hancock.**
> サインしてください。

雑学33

ニクソン大統領 ティーンに選挙権を与える!

アメリカの選挙権が21歳から18歳に引き下げられたのは1971年。ニクソン大統領の時代。当時はベトナム戦争の真っ最中。戦地へは18歳以上の男性が召集されていました。彼らの中から「選挙権も与えてもらえないのに、なぜ国のために戦わなければならないのか」と不満の声が上がったことをきっかけに、ニクソン大統領が年齢の引き下げを決定しました。

> **こんなフレーズも!** **Act your age!**
> 年相応に振る舞いなさい。(いい大人のくせに)

雑学 34

アメリカで初めて浴槽を所有した人とは?

まだイギリスの植民地だったアメリカで初めて浴槽 (**bath-tub**) を所有したのは、独立宣言起草者のひとりでもある **Benjamin Franklin**。ちなみに、**I took a bath.** には「浴槽に入った」と「大損する、すっからかんになる」の2つの意味があります。

こんなフレーズも!
I gave my dog a bath.
犬をお風呂に入れた。

雑学 35

アメリカでは硬貨にも愛称が!?

アメリカの硬貨は6種類。1ドルは **silver dollar** (シルバー・ダラー)、50セントは **a half dollar** (ハーフ・ダラー)、25セントは **quarter** (クォーター)、10セントは **dime** (ダイム)、5セントは **nickel** (ニッケル)、1セントは **penny** (ペニー) と呼ばれています。50セントから1セントまでは歴代の大統領の顔が浮き彫りされていますが、1ドル硬貨だけは、アメリカ独立後に開拓が進んだ1800年代に、未開拓地への案内役を務めたインディアンの **Sacagawea** (サカジャウィア) という女性の顔になっています。

こんなフレーズも!
He paid a pretty penny for his car.
彼はその車に大金を払った。

雑学 36

花の名前の秘密　その❶:ヒナギク

「あの人は来る、来ない、来る」といって花びらを1枚ずつ抜いていく…。そう、花占いの主役はヒナギクです。この花は、日中は花を咲かせ夜になると花を閉じてしまうものがあります。その様子を1日の始まりと終わりにたとえ、**eye of the day**、あるいは**days eye**と呼んでいましたが、それが縮まり**daisy**という名称になりました。

> **こんなフレーズも!**　**He's pushing up daisies.**
> 彼はもう死んでしまった。

雑学 37

粘着テープは昔「アヒルのテープ」だった!?

duct tape（粘着テープ）、以前は**duck tape**と呼ばれていました。でも**duck**とはアヒルのことではなく、**duck**という綿のキャンバス生地から作られていたので、こう名づけられたのでした。

> **こんなフレーズも!**　**You can fix anything with duct tape.**
> 粘着テープがあればなんでも直せるよ。

雑学 38
英語の12ヶ月の由来

英語の12ヶ月にも、意外な語源があります。

1月 **January : Janus** 門の神ヤヌス
2月 **February : Februum** ラテン語で「浄化」
3月 **March : Mars** ローマ神話の戦いの神マルス
4月 **April : aperire** ラテン語で「開く」
5月 **May : Maja** ギリシャ女神マヤ
6月 **June : Juno** ローマ女神ジュノー
7月 **July : Julius Caesar** 7月生まれのジュリアス・シーザー
8月 **August : Augustus** ローマ皇帝アウグストゥス
9月 **September : septem** ラテン語で7番目
10月 **October : oct** ラテン語で8番目
11月 **November : novem** ラテン語で9番目
12月 **December : decem** ラテン語で10番目

途中から数字がずれているのは、かつてのローマ暦をもとに名づけられたためです。

こんなフレーズも!
What month were you born in?
何月生まれですか？

雑学 39

紀元を表すA.D.はAfter Death という意味ではありません。

紀元前を表す略号の**B.C.**が**Before Christ**（キリスト誕生前）なので、ネイティブでも紀元を表す略号の**A.D.**が**After Death**（キリストの死後）だと思っている人が大勢いますが、**A.D.**はラテン語**anno domini**の略で、「キリストが生まれた年」という意味です。

こんなフレーズも！ **That's ancient history.**
それはもう終わった話。

雑学 40

迷惑な命名。

モンタナ州に住む男が、娘になんと622文字の長い名前をつけました。その目的は役所のコンピューターを混乱させ、機能不全にさせることでした。

こんなフレーズも！ **There's too much red tape.**
お役所仕事が多すぎる。
＊red tape 官僚的形式主義

雑学 41

Happy Birthdayの歌には著作権使用料を支払わなければならない!?

子供の誕生日、友人の誕生日などで誰もが歌う**Happy Birthday**の歌。もしステージ上や映画の場面、またはCDの中などでこの唄を歌ったら、著作権使用料を支払わなければなりません。この唄は**Mildred Hill**と**Patty Hill**という姉妹によって書かれました。最初は**Good Morning to All**というタイトルだったのですが、1924年にエディターが**Happy Birthday to You**に書き換え、現在の形になっています。商用にこの歌を使うときには、著作権使用料の支払いが必要です。

こんなフレーズも!
He was in his birthday suit.
彼は裸だ。

雑学 42

「trivia」その語源は!?

triviaが雑学を意味することはすでにご存知でしょう。この語は、古いラテン語では「3つの通り」を意味しています。ローマ時代、道の分岐点には補助的な案内を貼りつけるための円柱状の建造物がしつらえてありました。ここに告知される情報は主要なものではなく、あくまでも補助的で、なくてもこと足りるものばかりでした。それが現在の**trivia**に由来しています。

こんなフレーズも!
That's kind of trivial.
それはあまり重要ではない。

雑学 43

風邪の薬を買いに行った
= I went and bought some drugs.
と言ったら怪しまれるかも!?

drugstore（薬局）では、**drug**はもちろん薬を指しますが、それ以外では「麻薬」と解釈されることのほうが多いのです。ですから「ヤクを手に入れようと思って繁華街にでかけたんだ」と解釈されてしまいます。同じように、「昨晩薬を飲んだ」と言うつもりで**I took some drugs last night.**と言うと「夕べ、ヤクをやってさ」という意味に。単に薬を飲んだと言いたいときは、**I took some medicine last night.**でOK。

> **こんなフレーズも!**
> **A movie star was arrested for drugs.**
> 映画スターがドラッグで捕まった。

雑学 44

Did you get the picture?
って言われても、写真はもらってないけど!?

実は「あなたは写真を受け取ったか?」と尋ねているのではなく、「状況がつかめた?」「事情がわかった?」と聞いているのです。**get the picture** は「事情や状況を理解する」という意味の表現です。**I got the picture.**で、「合点がいった=理解した」という意味に。**the** が **a** にならないように注意しましょう。

> **こんなフレーズも!**
> **A picture is worth a thousand words.**
> 百聞は一見にしかず。

雑学 45

友達が Dear John letter を受け取った。でも友達はジョンじゃなくてロバートなのに…。

Dear John letter とは、「絶縁状」のこと。第二次世界大戦中、戦地に赴いた兵士に妻から送られた絶縁状が **Dear John** で始まっていたことが由来、という説があります。
ちなみに夫から妻への絶縁状は **Dear Jane letter** です。

> **こんなフレーズも!**
> **Where's the john?**
> 便所どこ?
> ＊johnはスラングで「便所」の意。

雑学 46

英語で my better half（私のマシなほうの半分）と言えばそれは奥さんのこと。

英語では「妻は今日は残業なんです」= **My better half is working overtime today.** などと言ったりします。妻を「自分よりマシ」と持ち上げて表現するのは、**ladie's first**という考えがあるから。
アメリカ人の男性は公の場では間違っても日本の男性のように「うちの愚妻が…」などと言ったりはしません。結婚していないカップルのことは **significant other** と呼んでいます。

> **こんなフレーズも!**
> **I've worked here for the better half of a year.**
> 半年以上ここで働いています。

雑学 47

へそをこすり合わせるダンス?

ブラジル音楽として有名なサンバ。この **samba**(サンバ)という言葉のもともと意味は「へそとへそをこすり合わせる」。踊る様子を思い浮かべれば、なるほど納得ですね。

こんなフレーズも!
I did the samba last night.
昨夜、サンバを踊った。

雑学 48

化粧上手は飾り上手?

cosmetics(化粧品)という言葉はギリシャ語で、「飾り上手」という意味が元になっています。

こんなフレーズも!
Women have two weapons, cosmetics and tears.
女性は2つの武器を持っている。化粧と涙。

雑学 49

プラス、マイナス・ドライバーでは、ネイティブに通じません。

工具のドライバー、日本ではプラス、マイナス・ドライバーと呼んでいますが、これは和製英語。このままではネイティブには通じません。プラスは **Philips screwdriver**(フィリップス・スクリュードライバー)、マイナスは、**standard screwdriver**(スタンダード・スクリュードライバー)と呼びます。また先端が四角になっているものを **Robertson screwdriver**(ロバートスン・スクリュードライバー：隣国カナダで標準となっている)と呼んでいます。この **Phillips** は人名から取ったものです。1930年代、自動車工場ではすでに電動のねじ回しが普及していましたが、マイナスしかなかった当時は工員がねじの頭部分とドライバーの先端を合わせてねじ込むのに苦労していました。そこで **Phillips** という人が十字のねじを作ったところ、自動車業界で大歓迎され全米に普及していったと言われています。

その他の工具の名称

かなづち	hammer
のこぎり	saw
紙やすり	sandpaper
糸のこぎり	jigsaw
千枚通し	awl

こんなフレーズも！ **Do you need a Philips or a standard?**
プラスのドライバーが必要ですか？それともマイナス？

雑学 50

牛はポケットに入れて持ち運べません。

fee(料金)という語のもともとの意味は「牛」。その昔、牛が取引媒体だったことから料金のことを指すようになったのですが、今ではほとんど使われることはありません。牛はポケットに入れて持ち運ぶには、いささか都合が良くないからですよね。

こんなフレーズも!
How much is the entrance fee?
入場料はいくらですか?

雑学 51

アメリカ家庭の一家に1冊はある atlas って?

アメリカ人なら誰もがお世話になっている**atlas**とは、地図帳のこと。地図学者のメルカトルが1570年に出版した地図帳を**atlas**と呼んだことから以後地図帳をそう呼ぶようになったようです。**atlas**とは、ギリシャ神話において、ゼウスの命令で天を背負わされている神のこと。最初の地図帳に彼の絵が描かれていたからだという説もあります。

こんなフレーズも!
Do you have an atlas in your car?
アトラス、車に置いてあったっけ?

雑学 52

同じ単語でこんなに違う イギリス vs アメリカ。

同じ単語でも、イギリスとアメリカではこんなに違います。その例をいくつか挙げると…。

ビスケット (biscuit)
イギリスでは「クッキー (**cookie**)」のことを、アメリカでは朝食によく食べる「厚手の小さなパンケーキ」を指します。「スコーン (**scone**)」とも言います。

チップス (chips)
イギリスでは、アメリカで「フレンチ・フライ」と呼んでいるものと同じ。揚げた魚とフレンチ・フライの **fish and chips** はイギリスではポピュラーな食べ物です。アメリカではポテト・チップのこと。

アートギャラリー (art gallery)
イギリスでは「美術館」、アメリカでは「画廊」のこと。

爆弾 (bomb)
イギリスでは **It went down a bomb.** という表現は「大成功」を意味しますが、アメリカで **It bombed.** と言ったら、「大失敗」のこと。

こんなフレーズも！ **Does she speak British English or American English?**
彼女が話すのはイギリス英語？それともアメリカ英語？

雑学 53

a day off は「休み」ですが、an off day では「厄日」に。

英語では語順はとても重要です。例えば誰かが **I had a day off.** と言えば、「休みを取った」という意味です。日本人がたまに、**I had an off day.** と言うのを耳にしますが、これだとネイティブの耳には「まったく今日は災難ばかりだよ」「今日は厄日だな」と聞こえるのです。

こんなフレーズも!
I'm off today.
今日は休みです。

雑学 54

1本の映画を観に行ったのに、I went to the movies.と複数になる不思議。

初期の映画は、短編をいくつも見せるという形式だったため、その名残りで **go to the movies** という表現がいまだ使われていると言われています。**go to a movie** と言うこともありますが、こちらのほうは「ヒマだから映画でも行く」というニュアンスです。ちなみに、**Let's go to the movies.** と言った場合は、映画だけでなく食事も含まれているような誘い方になります。**Let's go to a movie.** は映画だけに行くときの誘い方です。

こんなフレーズも!
I want to be in the movies.
(= I want to be a movie star.)
映画スターになりたい。

雑学 55

Let's go drinking.と誘い、1軒入って帰ろうとしたら、相手は「え?もう帰るの?」と不思議顔。「ちょっと飲もうか」って言ったつもりだったんだけど…。

go drinkingは「ちょっと1杯」ではなく、「徹底的に飲み明かそうぜ」という意味。「ちょっと1杯やろうか」と言うなら、**Let fs have a drink.**となります。**Let's have a little snort.**と言うことも。わずかな違いですが、意味は大きく異なりますのでご注意を。

> こんなフレーズも!
> **Do you drink?**
> お酒は飲めますか?

雑学 56

XYZ ってなんのこと?

廊下を歩いていたら、友人に"**XYZ.**"と言われました。さていったいどうすればいいのでしょう? 答えは、ズボンのチャックを閉めればいいのです。**Examine your zipper.**(自分のチャックをよく見なさい)というフレーズに由来しています。

> こんなフレーズも!
> **Your fly is open.**
> チャックが開いてますよ。

雑学 57

英語で書かれた最長の手紙。

パレスチナ人のヨセフ・アマーナという人が書き送った手紙は200万語、長さ1キロ以上、重さは10キロを超えていたとか。

こんなフレーズも!
I am sorry for the length of my letter, but I had not the time to write a short one.
手紙が長くてごめんなさい。短くする時間がなくて。—パスカル

雑学 58

カナダでコーヒーを注文するときに砂糖もクリームも倍にしてもらえる魔法の言葉って?

多くのアメリカ人同様、カナダ人も甘い物好き。コーヒーにも砂糖とクリームをたっぷり入れて飲むのがカナダ式。店で砂糖とクリームをたっぷり入れてもらうとき、カナダ人は **Give me a double double, please.** と言います。実に簡単で便利な表現ですね。ところでカナダはドーナツ店が多いことでもよく知られています。店に入れば、多くのお客が **Give me a double double.** と言っているのを耳にするはずです。

こんなフレーズも!
Double it.
2倍にして。

雑学 59

アメリカでは本物の金持ち以外マンションには住めません。

多くの日本人が**I live in a mansion.**（マンションに住んでるの）と言うのを聞いて、日本をよく知らないネイティブはびっくりします。なぜなら、**mansion**は大きな庭に囲まれた城のような豪邸を想像するからです。賃貸のアパートに住んでいるなら、**I live in an apartment.**と言い、分譲マンションなら、**I live in a condominium.**と言うべきです。誤解されないように気をつけましょう。

こんなフレーズも！ **He has earned a mansion in heaven.**
彼はいい人だから、天国にいけばたくさんの恵みが待っているよ。

雑学 60

エンガチョされた!?

日本では、汚いものを見たときなどに、人差し指と中指をクロスさせますね。子供がよくやる「エンガチョ」と呼ばれるサインです。でも、アメリカでは、これは「クロスフィンガー」といって、**Good luck.**を意味するサインなのです。「あなたの幸運を祈っているよ」という意味。また、「約束だよ」という意味でも使えます。

こんなフレーズも！ **Let's cross our fingers.**
うまくいくように祈りましょう。

雑学 61

「少年よ、大志を抱け（Boys, be ambitious.）」のもともとの意味とは？

クラーク博士が言ったといわれるこの名言を、多くの日本人が「若いときに富、権力、名声を手に入れる夢を持て」といった解釈の仕方をしている人がいるようです。しかし **Boys, be ambitious** は次のように続いています。

"Boys be ambitious, not for money or for selfish aggrandizement, not for that evanescent thing which men call fame. Be ambitious for the attainment of all that a man ought to be."

「富、権力、名声はそれほど気にする必要はない。そうではなくて、立派な人間になるよう努力せよ」と、まったく逆のことを言っているのです。

こんなフレーズも！ **I'm too happy to be ambitious.**
幸せすぎて野心を抱けない。

雑学 62

scissors（ハサミ）はどうして複数形なの？

ハサミの片方の刃が **scissor**。**scissor** が2つで1つのハサミになります。ちなみにハサミの発明をしたのはレオナルド・ダ・ビンチだそうです。

こんなフレーズも！ **I have a pair of scissors.**
ハサミを1つ持っています。

雑学 63

アメリカの警官の「逮捕口上」。

アメリカは「犯罪大国」と呼ばれることがあります。それゆえ、警察はやたらに拳銃を撃つ、というイメージをお持ちでしょうか。でも実際はそんなことはありません。アメリカの警察は容疑者の逮捕前に必ず **Miranda Warning**(ミランダ警告:被逮捕者に対する注意)を述べなければなりません。下記に記した言葉がこの順番で述べられます(覚えきれてない警官は読み上げる)。これは1966年、最高裁で決定された事項なので、はしょるとあとで面倒なことになります。言い方は人によって多少変わりますが、内容は以下のとおりです。

1. You have the right to remain silent.
あなたには黙秘権があります。

2. Any statement that you make could be used against you in a court of law.
あなたの供述は、法廷であなたに不利な証拠として用いられることがあります。

3. You have the right to have an attorney present when being questioned.
あなたは弁護士の立会いを求める権利があります。

4. You have the right to a court appointed attorney if a private attorney is not affordable.
自分で弁護士を依頼する経済力がなければ、
公選弁護人をつけてもらう権利があります。

こんなフレーズも!
I have rights!
私にだって権利があるのよ!

雑学 64

世界で一番話されている言語は?

現在、世界にはおよそ6,500の言語があります。そのうち約2,000言語は、1,000人足らずの人が使っているにすぎません。世界中で最も広く話されているのは北京語。中国では、なんと推定8億8千万人もの人が北京語を話しているのです。

こんなフレーズも!
You speak my language.
私たちは意見が合うね。

雑学 65

カメラだけじゃなかったポラロイド。

一時は飛ぶ鳥を落とす勢いだったポラロイド・カメラで有名なポラロイド社(**Polaroid**)。デジタル・カメラ隆盛の現在では苦戦を強いられていますが、創設者のEdwin Landは実は発明家としても有名です。彼が取得した特許数はアメリカの発明王**Thomas Edison**に次いで第2位。

こんなフレーズも!
An essential aspect of creativity is not being afraid to fail.
失敗を怖れないこと、これが創造力には必要である。
—Edwin Land(ポラロイドカメラの発明者)

雑学 66

ジーンズの jean ってどういう意味?

昔は単なる作業着だったジーンズが、今や1本数百ドルのものも珍しくないファッション・アイテムに昇格。でもジーンズってどこで生まれたの? **jeans**の**jean**とは剛性に優れた綾織の厚手の綿製の生地のこと。**jean**が作られる前まで、人々は**fustian**(ファスチャン：コール天生地のようなもの)でできた服を着ていました。イタリアの**Genoa**(ジェノア)でこの**fustian**に似た生地が考案され、英語圏に入って**Genoa**が訛って**jene fustian**と呼ぶようになりました。これが現在の**jean**になったとされています。

また、**denim**(デニム)と言えばこちらもジーンズの生地。現在では**denim**と**jean**は同じものとして扱っていますが、デニムはイタリア生まれではなく、フランス南部の**Nimes**(ニーム)で最初に作られました。ニーム産の織物はサージ・デ・ニームと呼ばれ、それが英語で**denim**という言葉になったと言われています。

こんなフレーズも!
I bought a pair of jeans.
ジーンズを買いました。
＊I bought jeans. とか I bought jean. は言わない。

雑学 67
冷凍食品を考え出した元祖はイヌイットだった!?

冷凍食品は、1920年半ばにアメリカ人の **Clarence Birdseye** が考案したものですが、カナダのラブラドル半島で調査の仕事をしていたときに、現地の人が魚を氷漬けにして保存しているのを見て、冷凍食品のアイディアがひらめいたんだとか。

> **こんなフレーズも!**
> **I had a TV dinner last night.**
> 昨晩はTVディナーでした。
> ＊PTV dinner とは、いろいろ入った1食分の冷凍食品の詰め合わせ。テレビを見ながら用意できることから。

雑学 68
ギネス・ブックは、記録破りの早さで売上げ世界一!

イギリスのビール会社ギネス社のギネス・ブック（**The Guinness Book of World Records**）が初めて登場したのは1955年。世界一の記録が紹介されている本ですが、実はこの本自体が著作権のある本における、売り上げ世界一の本になりました。

> **こんなフレーズも!**
> **You could be in Guinness with that lie.**
> とんでもないウソだね。
> ＊直訳 そのウソでギネスブックに載れるよ。

雑学 69

アメリカでは20歳でもお酒は飲めません。

アメリカで法的に飲酒が認められる年齢は満21歳（州によって異なる）。レストランなどで酒類を注文するとき、スーパーなどで酒類を購入するときは必ずID（身分証明書）の提示を求められます。日本のバーやクラブとは異なり、アメリカでは21歳未満では飲食どころか入店さえできません（お酒を出さないクラブでは18歳から入店できるところもあります）。バーやクラブでは、たいてい屈強な**bouncer**（用心棒）が入口でIDを厳しくチェックしています。**bouncer**はプロのボディビルダー、武道の有段者、ボクサーくずれといった猛者が少なくありません。日本人は若く見えるということもあって、よく未成年と思われることがあります。海外に行く前にその心配があるなら、次の表現を覚えることを勧めます。

Are you a minor? あなたは未成年者ですか？

Do you have any ID? 身分証明書を持っていますか？

Do you have a driver's license? 運転免許証を持っていますか？

Are you over 18? あなたは18歳以上ですか？

Can you show me some identification?
何か身分証明書を見せてください。

I need some proof. 証明が必要です。

こんなフレーズも！
You're not drunk if you can lie on the floor without holding on.
何にもつかまらずに床に横になれるなら、まだ酔っぱらいとは言えないでしょう。
— Dean Martin

雑学 70
Smoke-freeと表示されているレストランでたばこを吸ったら怒られます!!

smoke-freeって「たばこはご自由に」って意味では？ 違います。**free**には「〜がない」「含まれていない」という意味もあります。**smoke-free**は煙がない、つまり店内全面禁煙ということ。**sugar-free**（無糖）や**fat-free**（無脂肪）の**-free**も同じです。ちなみに、アメリカではカリフォルニア、ワシントン州をはじめ、レストランに限らず、公共の建物での喫煙を全面的に禁じ、法として施行している州が増えています。ところで、日本語のHPで**link free**と表示しているのをしばしば見かけます。「リンクはご自由に」という意味で使っているのでしょうが、**smoke-free**の例でおわかりのようにこれは誤り。**link-free**では「リンクがない」、つまり「リンクがまったく貼られていません」という意味になってしまいます。リンクを自由に貼ってほしいと言いたい場合は、**Please feel free to link to this page.**（お気軽にこのサイトにリンクしてください）と表示しておきましょう。

他に、こんな表現もあります。

additive-free, alcohol-free, caffeine-free, chemical-free, duty-free, oil-free, nuclear-free, tax-free

こんなフレーズも!
It's a free world.
人間は自由だから（私のやることの文句をつけないでよ）

雑学 71

Oregon州の正しい発音。

オレゴン州 (**Oregon**) を「オレゴーン」と発音する人が少なくありませんが、地元オレゴン州の人々、アメリカ西部の人々は**Oregon**の"**gon**"の部分を"**gun**"(拳銃)と同じように発音します。ですから「オレゴーン」ではなく「オレガン」に近い発音になります。

こんなフレーズも!
There was once a popular drama set in the state of Oregon.
以前オレゴン州を舞台にした人気のドラマがあった。

雑学 72

アイスクリームの老舗「サーティ・ワン」はそのまま言っても通じない?

日本でも愛されているアイスクリームの老舗「サーティ・ワン」ですが、アメリカではバスキン・ロビンス(**Baskin Robins**)と呼ばれているため、サーティ・ワンと言っても通じにくいのです。バスキン・ロビンスは1945年にカリフォルニア州の、義理の兄弟であるバート・バスキン(**Burt Baskin**)と アーヴ・ロビンズ(**Irv Robbins**)によって創業されました。サーティワン「31」の由来は、2人の創業時のポリシーで、1ヶ月間毎日違う味のアイスを楽しんでもらえるように、31種類のアイスクリームを作ったところからだそうです。でも実際は保冷庫の構造上、32種類おいてあるところがほとんどだとか。

こんなフレーズも!
It's not a Baskin Robins.
その店はあまり種類はないんだ。＊「選択肢はそれほどない」の意味

雑学 73

卵の焼き方注文あれこれ。

アメリカのレストランで朝食に卵を頼むと、**How would you like your egg?**などと卵の調理方法を聞かれます。細かいことまでしつこく聞かれますが、それが普通なので気にしないように。

例えばいり卵にしてほしいときは**Scrambled, please.**と頼みます。目玉焼きは**sunny-side up**、両面焼きなら**over easy**（黄身部分は半熟状態）と言って頼みます。

その他の卵料理

半熟ゆで卵	**soft-boiled egg**
固ゆで卵	**hard-boiled egg**
オムレツ	**omelet**

こんなフレーズも！ **Your egg is cooked.**
お前はもう終わりだ！

雑学 74

交通渋滞と焼き網の関係。

交通渋滞を英語で表すと**bad traffic congestion**や**traffic jam**となります。でもアメリカではもっと簡単に**gridlock**というひと言でも表せるのです。**grid**とは焼き網のこと。アメリカの道路は基本的に焼き網のように道路が交差しているのでこう呼んでいます。

こんなフレーズも!
I'm stuck in a traffic jam.
渋滞にはまった。

雑学 75

自分でpracticing medicine（薬の修行中）だなんていまだに言ってる医者に行って大丈夫でしょうか？

経験豊かなベテラン医師も、英語ではこう呼んでいるのです。**practice**は「練習」という意味ですが、元来「ものごとをしばしば行う」ことを意味していました。現在、**practice**という語は医者や弁護士の仕事を表すときにもしばしば用いられているのです。ですから、誰かが**I've been practicing medicine for 20 years.**と言ったら、「20年間薬の勉強をしている」という意味ではなくて、「医師として20年の経験がある」ということです。**practicing law**も同じです。

こんなフレーズも!
She's practicing the piano.
彼女はピアノの練習をしている。

雑学 76

暑くても寒くても、地獄は地獄!?

極端に暑い日をネイティブはしばしば **Today was as hot as hell.** と表現します。同じく、極端に寒い日も **Today was as cold as hell.** と表現します。

天候のほか、**I'm mad as hell.**（メチャ頭にきたぜ）、**He's as crazy as hell.**（あの野郎、ほんとにいかれてるぜ）など言ったりしますが、**hell**という語は英語では不敬語。眉をひそめるネイティブが大勢いますので、使うときはご注意を。

> **こんなフレーズも!**
> **I'm as mad as hell!**
> カンカンに怒っています!

雑学 77

I got help.（助けてもらった）一見なんでもないこの表現も、特定の状況で使うと大変なことに。

I got help. というひと言は、アルコール依存症の人々が、「依存症を克服するプログラムに参加している」という意味で使っている表現でもあります。場所と状況に気をつけて使わないと、相手から「アル中なのか」と思われてしまいます。

> **こんなフレーズも!**
> **You need to get help.**
> 精神科に行って診てもらわないと。

雑学 78

ステーキの葉ってどんな葉？

「しその葉」のことを英語で**beefsteak plant**と言います。でも、**beefsteak plant**がどんな植物なのかを知っているアメリカ人はあまりいません。

Beefsteak plant is commonly used in Japanese food.
日本料理には、よくしその葉が使われます。

こんなフレーズも！ **Let's have beefsteak for dinner.**
夕食はビーフステーキにしましょう。

雑学 79

chew the fat と言っても、お肉の話じゃありません

ネイティブの友人が **I called up my buddy and chewed the fat for a while.** と言っていたけど、肉でも食べたの？ いえいえ、肉のことではなく**chew the fat**は、「おしゃべりする」という意味の表現です。つまり、そのネイティブは「友達と電話でしゃべっていた」と言っていたのです。おしゃべりを表すスラングは他にもたくさんあります。

apple butter, gum beating, loose tongue, talky talk

また女の子同士のおしゃべりを **girl talk** と言ったりします。

こんなフレーズも！ **He chewed me out.**
彼にみっちり怒られた。

雑学 80

アメリカのお酒のアルコール度はなんでproof（証明）なの？

アメリカの**proof**は蒸留酒（または醸造酢）に使われる単位で、日本のアルコール度数に直すと半分の値になります。ですから**100 proof**と書かれてあれば、アルコール度数は50%ということ。

なぜ**proof**（証明）という言葉を使うのか？ それは昔の蒸留所がアルコールの度数の証明に火薬を使っていた名残りと言われています。アルコールと火薬を混ぜ、火がつかなければ度数が低過ぎ、また炎が黄色なら度数が高過ぎで、青白い炎であれば適正とされていたのです。

> **こんなフレーズも！**
> **The proof is in the pudding.**
> ものは試しだ（論より証拠）
> ＊直訳 プリンの味を確かめるなら、食べてみるのが一番だ。

雑学 81

アメリカらしい食べ物のビーフ。でも昔は食べなかった!?

アメリカ大陸に最初に牛を持ち込んだのはスペイン人でしたが、これがのちにアメリカ牛になりました。アメリカに移住した人々は、当初牛は食用ではなく労働力と見なしていました。ネイティブ・アメリカンが食べておいしいことを知り、それが移民にも知れ渡り、やがて「アメリカの味」になったと言われています。

> **こんなフレーズも！**
> **What's your beef?**
> なんか文句でもあるのか？

雑学 82
炭酸飲料7UP誕生の秘密。

日本でも多くの人に親しまれている炭酸飲料の7UPが作られたのは1929年。出来上がった製品を最初に詰めたビンのサイズが7オンス(1オンスは約28グラム)だったので7、栓を開けると泡が上に向かうのでUP、この2つをつなげて7UPと名づけたと言われています。
7UPは中国でも発売されましたが、なぜか上海での売上げが伸びなかったそうです。なぜかと思い調査したところ、その地方の方言で7UPが **death by drinking**(飲んで死ぬ)という意味であることが判明。確かに、そんな名前だったら恐ろしくて飲めませんね。

こんなフレーズも！
Let's get a 7UP at 7-11.
セブンイレブンでセブンアップを買おう。

雑学 83
みんな大好き、コカ・コーラの命名にまつわる衝撃の事実。

1886年にコカ・コーラの原形となるものが発売されました。なんと、コカインの原料でもあるコカの葉が原料に使われていたために、「コカ・コーラ」と名づけられました。「コーラ」はコーラの実から。発売当初は実際に微量のコカイン成分が含まれていたということです。1903年以降は、コカの葉からコカイン成分は取り除かれているのでご安心を。

こんなフレーズも！
He's a coke-head.
奴はコカイン中毒者だ。

雑学 84

オリーブの昔の恋人は?

アメリカで人気のマンガのキャラクターのポパイ(**Popeye**)の恋人と言えば、おなじみオリーブ(**Olive Oyl**)。でも彼女が最初につき合っていたのはハム・グレイヴィー(**Ham Gravy**「ハムと肉汁ソース」)という名の男性でした。

> **こんなフレーズも!** **Eat your spinach so you can be like Popeye.**
> ほうれん草を食べればポパイみたいになれるわよ。
> ＊親が子に向かって言う決まり文句

雑学 85

メニューに牛肉のハンバーガーがないマクドナルド!?

本国を離れたアメリカ人が真っ先に恋しがるのがハンバーガー。アメリカを代表するハンバーガー・チェーンのマクドナルドで、なんとメニューに牛肉のハンバーガーがない店があります。それはどこかというとインド。ヒンズー教徒が多数を占めるインドでは、牛は聖なる動物として扱われており、食べるなどもってのほか。だからインドのマクドナルドでは、牛肉ではなく子羊のハンバーガーの**Maharaja Mac**にとって代わっているというわけです。

> **こんなフレーズも!** **I'm having a Mac attack!**
> なんだか無性にマックが食べたい!

雑学 86

人形のBarbieとそのボーイフレンドのKenは実在していた!?

バービー人形が初めて市場に登場したのは1959年。その人気は現在も衰えておらず、アメリカでは親子で(あるいは3代に渡って)バービー育ちというのもよくある話。さて、**Barbie**にはボーイフレンドの**Ken**がいますが、実は2人とも実在していたのです。**Barbie**と**Ken**はアメリカのマテル社の登録商標ですが、同社の創立者である**Handler**夫妻の娘と息子の名前から取って名づけられました。**Barbie**には**Barbie Millicent Roberts**という本名がちゃんとあって、アメリカはウィスコンシン州Willowsの出身です。ちなみに**Barbie**と**Ken**は一度別れて、2006年にまた復縁したそうです。

こんなフレーズも!
She's kind of a Barbie doll.
彼女はブリッコだ。

雑学 87

「ケチャップ」を英語にすると、綴りが2通りあるって知ってました?

調味料のケチャップは、**ketchup** と**catsup**のどちらで綴ってもOK。今では食卓に欠かせない調味料のケチャップですが、1830年代には薬として売られていました。

こんなフレーズも!
Hot dogs have to have lots of ketchup.
ホットドッグにはケチャップをたっぷりかけないとね。

雑学88

奴隷の語源は!?

slave（奴隷）は東欧の民族である Slav（スラブ）が語源です。古代、ゲルマン民族はスラブ民族を捕らえてはローマ帝国に奴隷として売っていました。そこから slave という語が生まれたと言われています。

雑学89

アメリカ人かカナダ人かは あるひと言で区別がつく！

アメリカ人とカナダ人の英語はほぼ同じに聞こえます。もちろんアメリカ人が聞けばすぐにわかりますが、日本人にはほとんど区別がつかないでしょう。でもあるひと言（というよりもひと声）で簡単にわかってしまうのです。その秘密とは、カナダ人の多くが文末に eh（アーという音）と加える特徴があるという点です。例えば **You're from Japan, aren't you?**（日本の出身なのですね？）と付加疑問文ではなく、**You're from Japan, eh?** と尋ねることが多いのです。すべてのカナダ人がこう言うというわけではありませんが（アメリカ人でも eh? と尋ねることがあります）、相手がカナダ人である確率はかなり高いですよ。

> **こんなフレーズも！** **He lives north of the border.**
> 彼はカナダに住んでいます。

雑学 90

アメリカのレストランでのチップの計算の仕方。

チップ（**tip**）は **gratuities** とも言います。レストランでは請求額の15%をチップとして置くのが普通ですが、場所によっては20%まで置いていくお客もいます。チップの率をいちいち計算するのは面倒、という方は、州の物品税の2倍を目安にしておくとよいでしょう。物品税は州によって異なりますが、8%以上のところではその倍の額をチップとして置いておけば問題ないでしょう。

こんなフレーズも!

Don't forget to tip the waiter.
ウェイターにチップを渡すのを忘れないで。

> 大切なのは、
> 相手に発信し、
> 反応すること!

雑学 91

動物に関するおもしろ表現：犬編　その❶

晩夏のうだるような暑い日のことを英語で**dog days**と表現します。この表現の由来はかなりロマンチック。ギリシャ神話に登場する巨人の猟師のオリオンには大切にしていた犬がいましたが、その犬は死後、**Sirius**（シリウス）という星になりました。人々は愛情を込めてその星を**Canicula**（天狼星：**Dog Star**）と呼び親しみました。シリウスは晩夏になると太陽と共に昇り、沈みます。古代のローマ人はその様子を見て、シリウスが太陽に熱を与えていると信じ、それがこの表現につながったとされています。

> **こんなフレーズも！**
> Charbroiled eel is good on dog days like this.
> こんな暑い日には、鰻の蒲焼だよね。

雑学 92

bugは「虫」のこと。
でもアメリカのメイン州では食べ物です。

アメリカのメイン州の名物と言えばロブスター（**lobster**）。地元の人はロブスターを**bug**（虫）と呼んでいます。また、メイン州は全米で隣接する州が1つしかない唯一の州でもあります。

> **こんなフレーズも！**
> Don't bug me.
> 邪魔しないで。

雑学 93
コンピューターの不具合を「バグ」と呼ぶようになったワケ。

1945年ハーバード大学でコンピューターが誤作動し、作業中のグレース・ホッパーが早速調べることに。すると、電気回路の一部に蛾(が)を発見。すぐに除去しました。それ以来、コンピューターの不具合を「バグ」と呼ぶようになったのです。

こんなフレーズも!
That bug really bugs me.
あの虫、本当にイライラする。

雑学 94
動物に関するおもしろ表現：犬編　その❷

英語には動物を盛り込んだ表現がたくさんあります。例えば飲み過ぎた翌日の朝。頭はガンガンするし、胃は重たい…もう二度と酒なんか飲まないと思った経験はありますか？　「二日酔い」はオーストラリアのスラングでは **hair of the dog**(犬の体毛)と言います。また「二日酔い」には「迎え酒」が一番などと言う人がいますが、この「迎え酒」を **hair of the dog that bit you**(あなたを噛んだ犬の体毛)と表現します。古代人は、犬に噛まれて傷を負ったら、噛んだ犬の体毛で傷口を縛っていたそうです。治りが早くなると信じていたからです。「二日酔い」と「迎え酒」はこの話に由来すると言われています。

こんなフレーズも!
She has dog breath.
彼女は息が臭い。

雑学 95

pine（松）とapple（リンゴ）で パイナップル。でも松やリンゴの木に 実るわけじゃないのに変なの…。

パイナップルは南ブラジルおよびパラグアイの原産で、15世紀にコロンブスがスペインに持ち帰り、世界に広がりました。17世紀になってイギリスにも入り、**pinecone**（松かさ）に似ているところからこの名がついたと言われています。味が「リンゴに似ているから」または古い語で**apple**は「果実」という意味だったという説があるそうです。**grapefruit** もブドウじゃないのになぜ**grape**かというと、実がブドウの房のように成るからだそうです。

こんなフレーズも！
Botanists say that the pineapple is technically a fruit.
植物学者によると、パイナップルは厳密には果物だということです。

雑学 96
アメリカで生まれたベルギー・ワッフル！

ワッフルはベルギーでもポピュラーな食べ物です。しかしアメリカのレストランでよく見かける、クリームをのせた厚くて軽くサクサクとした**Belgian waffles**（ベルギー・ワッフル）を出している店はほとんどありません。実はベルギー・ワッフルと呼ばれるのは、考案者の**Maurice Vermersch**がベルギー人だったからというのがその理由で、ベルギーとはあまり関係ありません。1964年、ニューヨークで開かれたワールド・フェアで彼は初めて**Belgian waffles**を紹介しました。アメリカではまたたく間に人気が広がっていったものの、本国ではいまいちウケませんでした。ちなみに、**french Fries**はフランスではなくベルギー生まれ、**English muffins**はイギリスではなく、アメリカ生まれの食べ物だと言われています。

また、アメリカで**Do you have American coffee?**（アメリカンコーヒーありますか？）と言ったら、きっと**All our coffee comes from South America.**（うちのコーヒーはすべて南米産です）という、まるでかみ合わない返答が返ってくるでしょう。英語で「薄いコーヒー」は**weak coffee**と言います。また、「濃いコーヒー」は**strong coffee**です。

こんなフレーズも！ Are you trying to waffle?
あやふやにしようとしているの？

雑学 97

ハリポタもまだまだ届かないベストセラー。

英語で書かれた書物で常にトップセラーとなっているのは、アガサ・クリスティー（**Agatha Christie**）の作品。78冊にのぼる彼女の著書は、これまでに20億冊も売れているそうです。

> **こんなフレーズも!**
> **The best time to plan a book is while you're doing the dishes.**
> 本の構想を練るなら、皿洗いをしているときが一番よ。
> —Agatha Christie

雑学 98

billion は、イギリスとアメリカでは表すケタが違います。

最近ではミリオネア（**a millionaire**）は珍しくなくなったのか、億万長者をビリオネア（**a billionaire**）と呼ぶようになってきました。しかしこの**billion**という単位、同じ英語圏でもイギリスとアメリカではケタが違います。イギリスでは1兆ですが、アメリカでは10億になるのです。
そしてそれより大きい数字が**zillion**（**jillion**）です。これは「無数の」「数えられないほど莫大な数の」という意味です。

> **こんなフレーズも!**
> **I have a zillion things to do today.**
> 今日はやらなければならないことが、ごまんとある。

雑学99

世界初の郵便切手はイギリス生まれ、クリスマス・カードもイギリス生まれ。

1840年、イギリスでのり付きの郵便切手、通称 **the Penny Black**（額面1ペニーで黒インクで印刷されていたことから）が世界で初めて発行されました。この切手はヘンリー・コール卿によってデザインされたものですが、切手登場から3年後にクリスマス・カードを考案したのもコール卿でした。クリスマス・カードは初年度に1,000枚ほど売れ、それが世界中に広がり巨大なマーケットを生み出しました。

こんなフレーズも！
I'm taking him off my Christmas card list.
やつとは絶縁するぞ！
*直訳 彼をクリスマスカードのリストから消す。

雑学100

CHRISTMASとXMASの関係。

クリスマス（Christmas）を **"Xmas"** と綴るのは、Christ（キリスト）を排除しようとして考え出されたものではありません。ギリシャ文字のXはchiを表すので、Christの略号として使っているだけです。でも相手がクリスチャンだとわかっている場合は、クリスマス・カードを出すときには **Xmas** ではなく、きちんと **Christmas** と綴りましょう。信仰がわからない相手にカードを贈るなら、**Happy holidays!** としておくのが一番安全かもしれませんね。

こんなフレーズも！
How was your New Year's holiday?
正月休みはどうでした？

雑学 101

モナリザの本当の名前は？

誰もが知っている有名な絵画「モナリザ(**Mona Lisa**)」。この絵の本当の名前は **La Giaconda**（ジョコンダ婦人）です。

こんなフレーズも! **She's no Mona Lisa.**
あまり美人ではない。

雑学 102

シェークスピアは実はイギリス嫌いだった？

イギリス人のウィリアム・シェークスピアの有名な戯曲には、なんとイギリスを舞台にしたものが1つもないんです！

ロミオとジュリエット（イタリア）

ベニスの商人（またもイタリア！）

マクベス（スコットランド。当時は別の国だった）

から騒ぎ（またまたイタリア！）

ヘンリー5世（いかにも、彼は英国の王。
しかし事件はほとんどフランスで起きている）

こんなフレーズも! **To be or not to be.**
生きるべきか死ぬべきか。
＊シェークスピアのハムレットから

雑学 103

シェークスピアは発明家でもあった!?

作品を読んだことはなくとも、シェークスピアの名を知らないという方はいないはず。彼は作家としてだけでなく、新語の発案者としても有名です。1,700語以上も新語を作り、その多くが現在でも普通に使われています。例えば、**hint, bedroom, lonely, excitement**という語は彼が考え出したもの。その他を挙げてみると、**advertising, amazement, birthplace, blanket, champion, dawn, elbow, eyeball, fashionable, gossip, mountaineer, negotiate, noiseless, secure, undress**などがあります。また、シェークスピアが使った言い回しも今でもよく使われます。以下はその一部。

I didn't sleep a wink.
少しも寝られなかった。

Love is blind.
恋は盲目。

Mum's the word.
秘密にしよう。

As good luck would have it, the train was late.
運よく電車が遅れたね。

He tried to explain, but it was Greek to me.
彼は説明しようとしたけど、さっぱりわからなかった。

> こんなフレーズも！
> **I'm no Shakespeare.**
> 文章を書くのは得意じゃない。

雑学 104

はげているわけではないのにハゲワシ。

アメリカの**national emblem**（国の象徴）となっているハゲワシ。英語では**bald eagle**と呼びますが、はげているわけではないのになぜハゲワシなのでしょうか？ ハゲワシの頭部は白い羽で覆われていますが、遠方から見るとそれがはげて見えるので、この名がつけられました。ちなみに、毛の薄い人のことを**He's bald.**と言えば差別的には聞こえませんが、**He's a baldy.**と言うと侮辱になります。

> こんなフレーズも！ **He's as bald as an egg.**
> 彼ははげてる。

雑学 105

Star Trekの原作者は「遺灰は宇宙に…」と言って逝った。

アメリカはテキサス州に、セレスティスという会社があります。この会社は遺灰を口紅型の容器に収め宇宙に飛ばす**Memorial Spaceflights**（宇宙葬）を売り物にしており、**Star Trek**の原作者の**Gene Roddenberry**をはじめ、これまでに100人以上の遺灰を宇宙に送っています。「千ドルから1万ドルで宇宙に飛び立てます…」とは、同社の宣伝文句。宇宙のどの辺までかによって価格が違うようです。

> こんなフレーズも！ **I'm a Trekkie.**
> スタートレックのファンです。

雑学 106

「犬の耳」って、何を指す?

読みかけの本の角を折り曲げてしおり代わりにすること、ありますよね? そのページが折り曲がった様子が犬の耳に似ていることから、この折った部分を **dog ear** と呼んでいます。ちなみにしおりは **bookmark**、ネット用語にもなっていますね。

こんなフレーズも!

I got cauliflower ears from boxing.
ボクシングで耳の形がくずれてるんだ。
* cauliflower ears (レスラー・ボクサーなどの) 形のくずれた耳

雑学 107

アルファベットの "e" がまったくない小説。

1939年頃、アメリカの作家 **Ernest Vincent Wright** は **Gadsby** という小説を書き上げました。それだけなら驚くに値しませんが、この作品は5万語以上の長編でありながら、アルファベットの **e** をまったく含んでいません。しかも内容はすべて文法的にも正しく、不自然な箇所がないのです。こういった文章を英語で **lipogram** (除字体、あるいは字忌みの詩や文章) と呼びます。執筆中のストレスは相当のものだったらしく、**Gadsby** が出版された日に亡くなりました。ちなみに、英語で一番よく使う文字は **e** で、一番使わない文字は **z** です。

こんなフレーズも!

The letter "e" is the most common letter in the English language.
英語で一番よく使う文字はeです。

雑学 108

「ロボット」という言葉の由来は?

「ロボット」という語は、1920年に、チェコの劇作家 K.チャペック(1890－1938)が考案。彼の劇『ロッサム・ユニバーサル・ロボット』に由来しています。チェコ語 **robotnik**(農奴)より。

> **こんなフレーズも!** **She's like a robot.**
> 彼女は自分で考えて行動しない。

雑学 109

Generation Xの時代は終わり、時代は今やGeneration Y

XとかYとか、いったいどんな世代の人間なのでしょう? **Generation X**とは、アメリカでは1963から78年に生まれた世代を指します。Yはその後、つまり1978年以降に生まれた世代のこと。この世代の人々は団塊の世代(**Baby Boom Generation**:1946から1964年生まれの世代)の子息にあたるので、**Baby Boom Echo**(団塊の世代のこだま)、また世紀末生まれあるいは新世紀生まれの世代なので**Millennial Generation**と呼ばれることも。

> **こんなフレーズも!** **The problem was caused by a generation gap.**
> 問題はジェネレーションギャップによって引き起こされた。

雑学 110

なぜ脚を折るのが幸運なのか？

Break a leg. は「脚を折りなさい!」という意味ですが、決して相手を怒らせるためのフレーズではありません。舞台などの成功を祈るとき、**Good luck.**（幸運を）とは言わず、笑顔で **Break a leg.**（直訳は「脚を折れ」）と言います。脚を折るような最悪の事態に陥っても、慌てずに対処できるということを自身に言い聞かせるためなのです。20世紀初頭から劇場関係者の間で使われるようになったらしいのですが、この表現の起源にはさまざまな説があります。最もそれらしい逸話が、フォード・シアターで上演された、リンカーン大統領の暗殺のストーリーで **John Wilkes Booth** という役者がステージから飛び降りた際に脚を骨折したというもの。他にはドイツ人の役者の間で使われている **Hals und Beinbruch**（a broken neck and a broken leg：折れた首と折れた脚）というフレーズが源だという説もあります。この表現は第一次世界大戦の頃のパイロットの間で使われ始め、ドイツの舞台役者の間に広まり、それがやがてイギリスやアメリカの劇場関係者にも伝わっていったのではないか、とも言われています。なぜ脚の骨折という重傷が「幸運を」という願いになったのだと思われるでしょう。英語圏の昔の民話を読むと、知人や友人の厄除けや幸運を祈るときには逆に不幸を願う言葉や警告の言葉がよく使われているのです。こうすることで、悪魔をだしぬき、災難を引き起こすのを防ごうとしたのではないかと言われています。

こんなフレーズも！
Give me a break!
勘弁してよ

雑学 111

エスカレーターは登録商標だった!?

escalator（エスカレーター）は、もともとは登録商標でしたが、今では普通の言葉として辞書にも載っています。他にも、次のような言葉があります（一部は今でも登録商標）。

aspirin（アスピリン）、**Band-Aid**（バンドエイド）、
cornflakes（コーンフレイク）、**dry ice**（ドライアイス）、
Frisbee（フリスビー）、**Jacuzzi**（ジャグジー）、**ping-pong**（ピンポン）

こんなフレーズも!
Band-Aid is a registered trademark of Johnson & Johnson.
バンドエイドはジョンソン・アンド・ジョンソンの登録商標です。

雑学 112

クマじゃないのに koala bear

英語ではパンダを **panda bear** と呼ぶのが普通です。パンダはクマの仲間ですから、この呼称は理にかなっています。パンダと同じように、多くのネイティブがコアラを **koala bear** と呼んでいます。しかしコアラはクマではなく有袋類なので **bear** は余計。**koala** だけでいいのです。最初に発見した人が、誤って **koala the bear** と呼んだことからだと言われています。

こんなフレーズも!
He gave me a big bear hug.
彼に荒っぽくハグされた。

雑学 113

怪しげな薬品類は日本語では「ガマの油」。英語では「ヘビの油」。

「万能薬」と言って香具師が口上と共に売っている効きそうもない薬を日本では「ガマの油」と呼んでいますが、英語ではガマ（蛙）ではなく、「ヘビの油」（**snake oil**）と表現します。どちらにしろ、なんだか怪しげですね。

こんなフレーズも!
Those fat burners are snake oil.
そういった脂肪カットをうたっている製品はまがいものだ。

雑学 114

赤ちゃんの別名あれこれ

アメリカ人は本当にあだ名をつける天才だと言えるでしょう。この国では子供の呼び名も様々。乳児を **a rug ape**（カーペットの猿）、立つことを覚えたばかりのよちよち歩きの赤ん坊を **a curtain climber**（カーテンに登る人）、そして子供を **rug rat**（カーペットのねずみ）と呼んだりします。子供が苦手なネイティブは幼児を **ankle biter** と呼びます。ハイハイしている幼児はなんでも口に入れたがるので、くるぶしに噛みつくこともある、というところからこの表現が生まれました。

こんなフレーズも!
Don't be a baby!
いくじなし!／もういい大人だから!

雑学 115

「外国人は肩が凝らない」は本当？

もちろん凝ります。でも、英語で shoulder といえば、両肩および上背部、上腕を含む広い部位を示す名称です。日本人の言う「肩が凝る」を伝えるには、**a stiff (lower) neck** という表現が適切です。

こんなフレーズも!
Would you like a neck rub?
肩をももうか？

雑学 116

車の修理は自分でできても、犬の「修理」は獣医に任せましょう。

fix は「修理する」という意味。車やテレビの修理は、**I got my car [TV] fixed.** のように表現します。しかしネイティブが **I got my dog fixed.** と言っても、飼い主自ら犬の怪我や患部の治療をしたというわけではありません。ネイティブはこれで「飼い犬を去勢した」と解釈します。性に関する話題を避けるのは英語圏でも同じこと。だから **fixed**（**altered** と表現することも）という遠回しの表現を使っています。飼い犬の **fix** は獣医さんに頼みましょう。

こんなフレーズも!
I took my dog to the vet to get him fixed.
ぼくの家の犬、獣医さんで去勢してもらったんだよ。

雑学 117

three dog night（犬が3匹集まる夜）ってどんな夜?

three dog nightは「とても寒い夜」のこと。オーストラリアの先住民族アボリジニ（**Aborigines**）が寒い夜には犬（現地ではディンゴでしょうか）と体を寄せて寝た、あるいはイヌイットが犬と添い寝したところからできた表現と言われていますが、どちらの説が正しいかは不明。アメリカでももちろん使われています。

こんなフレーズも！
Love me, love my dog.
私を好きなら、私のすべてを愛してください。

雑学 118

かわいいミッキーも英語では侮辱の言葉に…。

ディズニーのキャラクターは世界中の人気者。でも何かを英語で**Mickey Mouse**と表現するときは注意が必要。ネイティブは質の悪いもの、安っぽいものを**Mickey Mouse**と呼ぶことがあるからです。例えばアメリカ人の学生がある講義を**It's a Mickey Mouse class.**などと形容したなら、それは「楽勝で単位が取れるクラスだよ」という意味になります。

こんなフレーズも！
This is a Mickey Mouse approach to astronomy.
これは正しい天文学の学習法ではない。

雑学 119

キリスト教信者でなくても、amen（アーメン／エイメン）は、実は便利な表現です。

Amen.（アーメン／エイメン）といえばキリスト教。でもキリスト教の信者でなくとも、ネイティブ・スピーカーは **Surely.**（もちろん）、**That's right.**（そのとおり）、**Exactly.**（まさしくそのとおり）、あるいは **I agree.**（賛成）と同じ意味の表現として日常的に使っています。エジプトの神に **Amen** と呼ばれる神が存在していたことに由来し、ヘブライ語で **to strengthen**（強調する）、あるいは **to confirm**（確認する）を意味する **amen** に起因するなど、諸説が存在しますが、語源はよくわかっていません。

A: She's a terrible actress.
彼女はひどい女優だ。

B: Amen.
まさしくそのとおり。

A: We need to reduce our expenses.
経費を削減しなきゃならない。

B: Amen to that.
それに賛成です。

こんなフレーズも！
You can say amen to your career.
あなたのキャリアはもう終わりだ。

雑学 120

「夫がいつもゴルフばかり」の奥さんは「未亡人」!?

休みの日になると夫はゴルフに出かけてしまい、一緒に食事すらできない。このような境遇にある奥さんのことを、英語で **golf widow** と呼びます。**widow** とは「未亡人」のこと。**golf** の部分を他の名詞に変えて応用も可能。いつもコンピューターに向かっている夫がいる奥さんのことは **computer widow** なんて言ったりします。

> **こんなフレーズも!**
> **This motorcycle is a widow-maker.**
> このバイクは未亡人製造機だ。

雑学 121

ちょっと違うだけでも命取りになる英語 その❷

Just try. は「やってみたら」という意味ですが、**Just you try!** と言ったらケンカが始まるかも…。
Just try. は人を激励するときに用います。「だめかもしれないがやってみればいいよ。失敗しても大丈夫だよ」という気持ちで用います。
Just you try. や **You just try.** は、「やるならやってみろ」と、ケンカを売るときに使う表現なので気をつけましょう。

> **こんなフレーズも!**
> **Try!**
> だめでもいいからやってみなさい!

雑学 122

「ゴマをする」は英語だとリンゴになる!?

おべっかを使う人を日本語では「ゴマをする人」と言いますが、英語では俗語で **apple polisher**「りんごを磨く人」と呼びます。

> **こんなフレーズも!**
> **Don't patronize me.**
> ほめ言葉を使って人をバカにするな。

雑学 123

花の名前の秘密　その❷:チューリップ

チューリップ(**tulip**)という名称は、頭部を覆うターバン(turban)に似ているところから名づけられたとされています。16世紀にヨーロッパの要人がトルコを訪れ、不思議な形をした花に出会います。現地の人はその花を別の名で呼んでいましたが、要人の通訳は「ターバンみたいでしょ」と言いました。その要人はそれを花の名だと勘違いし、本国にその花を持ち帰り、**turban**と呼んでいました。それが英語圏に入って**tulip**となりました。

> **こんなフレーズも!**
> 英語でジョーク
> **Q. What flower does everyone have?**
> **A. Tulips. (two lips)**
>
> 質問:誰でも持ってる花はなに?
> 答:チューリップ。ツーリップ(2つの唇)でしょ。

雑学 124

インフルエンザは「流行」遅れ!?

毎年冬〜春先にかけて流行するインフルエンザ（流行性感冒）。重症の場合は死に至ることもあるので、軽視はできません。**influenza**は、中世のラテン語の**influentia**（影響するという意味）という語にルーツがあります。さてこのインフルエンザ、英語では**influenza**と綴りますが、医者や学者でもない限り、通常は**flu**と短縮します。第二次世界大戦以降、**influenza**とフルに綴ることは流行遅れとなり、今では**flu**で通じるようになっています。

こんなフレーズも!
There's a flu going around.
インフルエンザがはやっている。
＊go around はやる

雑学 125

skivvies（下着）という英単語は
ある日本語にルーツが…。

skivviesは第二次世界大戦の頃、日本から外来語として英語に入ってきた語です。下着姿を見られた日本人が「スケベ」と言ったので、スケベが下着だと思ったという兵士の話に由来すると言われています。これは主に男性の下着を指す言葉で、下品な言葉ではないのですが、特に若い人が使う言葉です。普通に言うと**underwear**また、細かく言うと**underpants**、**undershirt**、より上品な言葉は**underclothes**。

> こんなフレーズも！
> **You pervert!**
> スケベ！

顔で気持ちを表すボディランゲージもとても有効！

164

雑学 126

日本語の「我慢」という言葉、英語にはこれに相当するものはありません。

英語で「我慢」ってうまく伝えられないんだけど…。というのをよく耳にします。言えなくて当然。英語には「我慢」にあたる言葉がないのですから。**patience**、**endurance**、**tolerate**などを当てている辞書をよく見かけますが、どれも日本語の「我慢」の持つニュアンスはカバーしきれていません。例えば、**patience**は、「待つ」というニュアンスが強い語で、**I'm running out of patience.**（辛抱できない）というような使い方をします。**endurance**は長距離走者のような肉体的な辛抱強さを表すときに用いられ、**tolerate**は痛みや好ましくない状況に耐える、というときに使います。日本語の「我慢」はこれらすべてを1語で満たしていることがおわかりでしょう。

こんなフレーズも！
That's the straw that broke the camel's back.
もうこれ以上の我慢はしない。
＊その藁1本で、ラクダの背に載せられる限界を超えた、ということ

雑学 127

ロックン・ロール (rock'n'roll) は もともと「セックス」を意味していた!?

Rock'n'Rollという言葉は1950年代、Chuck BerryやBill Haleyといったミュージシャンが流行させた音楽スタイルを指し、当時の人気DJだったAlan Freedによって広まりました。しかしTrixie Smithの歌のタイトルである My Man Rocks Me with One Steady Rollに見られるように、1930～40年代のジャズやブルースのミュージシャンは、セックスを表す比喩として使っていたのです。

> **こんなフレーズも!** **Let's rock'n'roll!**
> さっさと動きましょう!

雑学 128

アメリカを代表する企業 :3Mの意外なルーツ

セロハン・テープ、ポスト・イット（付箋）はアメリカの会社3Mの登録商標です。同社は文具、オフィス関連用品の製造会社として有名です。3Mという社名はMinnesota Mining and Manufacturing Co.の略で、1902年にミネソタ州で誕生し、名前にあるように最初は炭鉱の廃棄物を処理する会社でした（現在でも炭鉱に関する事業もやっています）。それではあまり利益にならなかったため、事業を様々な分野へと拡大し、現在に至っています。

> **こんなフレーズも!** **Business is booming.**
> 商売はうまくいっています。

雑学 129
英語は借り物でできた言語?!

特殊な科学用語を除いて、英語には50,000語ほどの単語がありますが、その多くが外国語から借りてきた言葉でした。

こんなフレーズも! The word tsunami was imported from Japanese.
「津波」という単語は日本語からきたことば。

雑学 130
アーティストがこの名前じゃ売れないかも…。

Henry John Deutschendorf. Jr. Vincent Damon Furnier、Brian Warner、Annie Mae Bullock、え? 聞いたことない名前だって? 実はこれ、全員が有名なアメリカのミュージシャンの本名なのです。最初がJohn Denver、次がAlice Cooper、その次はMarilyn Manson、最後はTina Turnerです。ちなみに若者に人気のエミネムは、本名のMarshall Mathersの頭文字 M and Mを早く発音するとEminemになることから。

こんなフレーズも! What does your name mean?
あなたの名前の由来は?

雑学 131

アメリカには9つの時間がある。

アメリカは、本土の西と東で時差が3時間もある広大な大陸。夏時間を実施している東部の州は東部夏時間（**Eastern Daylight Time**：略して**EDT**）になります。**EDT**はグリニッジ時間より4時間遅れ。アメリカ中部はグリニッジ時間より5時間遅れの中部夏時間（**Central Daylight Time**：略して**CDT**）となります。領土も含めると、アメリカには9つの時間帯があります。

Eastern（東部）、**Central**（中部）、**Mountain**（山岳部）、
Pacific（太平洋）、**Alaska**（アラスカ）、
Hawaii-Aleutian（ハワイ・アリューシャン）、
Samoa（サモア）、**Wake Island**（ウェーク島）、**Guam**（グアム）

オーストラリアの時間帯は3つ。中国はあれだけの広大な土地にもかかわらず時間帯は1つです。

こんなフレーズも！ When does daylight saving time start?
夏時間はいつから始まるの？

雑学 132

最も多くの意味を持つ英単語は?

答えは**set**。大変短く、シンプルな語ですが、実に100以上の異なる意味を持っています。

こんなフレーズも!
I'm all set. (= I'm all ready.)
準備万端です。

雑学 133

アメリカの株式相場は動物で表します。

売り相場、弱気相場を英語では**bear market**と呼びます。この表現は、**Don't sell the bear skin before catching the bear.**「熊を捕まえる前に熊の皮を売る=捕らぬ狸の皮算用」ということわざと関係があります。安価で買い戻したいと考え株を売る人を**bears**と呼ぶようになり、売り相場を**bear market**と呼ぶようになりました。ちなみに**He's a bear.** と言うと「彼は弱気の投資家」という意味の他に「彼は頑固だ」の意味にもなります。

反対に、強気相場、買い相場は**bull market**と呼びます。**bull**は雄牛のこと。角が上昇を思わせるので、こう呼ばれるようになったとか。ちなみに、**He's a bull.**は「彼は強気の投資家だ」になりますが、**He's full of bull.** だと「彼は大嘘つきだ」という意味に。

こんなフレーズも!
That's bullshit.
そんなのはウソだね。

雑学 134

副大統領不在の4人の大統領。

建国以来、アメリカには大統領と副大統領の両方が揃っていると思われていますが、副大統領なしで要職を勤めた大統領が4人います。それは以下のとおり。4人とも副大統領から大統領に昇格しました。

第10代大統領　**John Tyler**

第13代大統領　**Millard Fillmore**（ペリー提督を日本に送る）

第17代大統領　**Andrew Johnson**（ロシアからアラスカを720万ドルで買い取る）

第21代大統領　**Chester A. Arthur**

> こんなフレーズも！
> **You could be president if you wanted to.**
> あなたなら大統領にだってなれるわ。＊ 親が子をおだてるときの決まり文句

雑学 135

アメリカ人の「愛称好き」は大学にも…。

Pentagon（アメリカ国防総省）からの研究資金に頼っているアメリカの大学は、**cold war university**（冷戦大学）と呼ばれています。**Stanford University**などがその例ですが、皮肉として使われているのでご注意を。

> こんなフレーズも！
> **Those two are having a cold war.**
> あの2人は冷戦状態だ。

雑学 136
子供の誕生日を祝うときのおまじない。

アメリカでは子供のバースディを祝うとき、おしりを軽く叩く習慣があります。バースディ・パーティに招かれたゲストは2列に並び、主役の子供は各ゲストから**spank**(おしりを叩く)を受けます。これは**birthday spanking**と呼び、ゲームのように行います。その子が強く成長するようにとの思いを込めたおまじないみたいなものです。

こんなフレーズも！ **You deserve a spanking!**
お尻ペンペンよ！

雑学 137
往年のハリウッド子役スターの名言。

1935年の**Curly Top**という映画で大スターとなったシャーリー・テンプルは、幼い頃にサンタクロースを信じなくなった理由ついてユーモラスに語っています。簡単なので、自分の言葉で訳してみてください。

I stopped believing in Santa Claus when I was six. Mother took me to see him in a department store, and he asked for my autograph.

6歳の時にサンタクロースを信じなくなった。サンタに会わせるために母はデパートに連れていってくれたが、サンタが私にサインを頼んだ。

こんなフレーズも！ **She's no Shirley Temple.**
彼女は才能もないし、かわいくもない。＊ no Shirley Temple 美しくも才能もない シャーリー・テンプルが才色兼備だったことから生まれた表現

part 2 読むだけで楽しくなる！ 英語カルチャー編

雑学138

アメリカ独立記念の年はもう1つ祝うべきことがあった!?

1776年と言えばアメリカが独立宣言を出した年。
実はこの年、アメリカではニューヨークに最初のアイスクリーム・パーラーが誕生しています。当時アイスクリームは富裕層しか食べられませんでしたが、1846年に手回し式の冷却器が発明され、次第に庶民にも普及していきました。エリス島に到着した移民は、歓迎のしるしとしてアイスクリームつきのディナーでもてなされたという記録が残っています。1851年には、メリーランド州のバルチモアに最初のアイスクリーム工場が建てられました。客が容器を持ち帰ってしまって困るので、1896年にニューヨークのアイスクリーム商がアイスクリーム・コーンを考案し、1920年代になると棒つきアイスが市場に登場します。
アメリカのアイスクリーム製造会社の大手のバスキン・ロビンズ（**Baskin-Robins**）は1969年のアポロ11号の月面着陸を記念し、**Lunar Cheesecake**（月のチーズケーキ）味を加えています。1984年、故レーガン大統領は7月を **National Ice Cream Month**、7月第3日曜日を **National Ice Cream Day** と定めています。アメリカ人のアイスクリームの消費量は世界一。1人当たり年間平均25リットルも食べているとか。アメリカでも最も人気があるのはバニラ。全米で最も消費量の多い町は、いつも暑いというイメージが強いカリフォルニアでもハワイでもなく、ネブラスカ州オマハ。

> **こんなフレーズも!**
> **Today was a red-letter day.**
> 今日はお祝いすべき日だ。（良いことがあった日でした。）

雑学 139
アメリカ人は自国の場所がわからない？

米国地理学協会によって実施された調査では、18才から24才までのアメリカ人の11%が、世界地図でアメリカの場所がわからない。87%が地図でイラクの位置がわからない。そして、49%の人がニューヨーク州の位置がわからない、という結果が出ています。

こんなフレーズも！
Why can't women read maps and men can't ask for directions?
どうして女性は地図が読めずに、男性は道が聞けないんだろう？

雑学 140
アルファベットでわかるアメリカ硬貨の発行元

アメリカ硬貨の大統領の肖像が浮き彫りされている側（表側）にごく小さなアルファベットが添えられているのをご存知でしたか？ 手元にアメリカ硬貨をお持ちの方、よく見てください。アルファベットが記載されているはずです。これはミント・マーク（**mint mark**）といって造幣局の場所を示しています。例えば、Dならデンバー（**Denver**）、Pならフィラデルフィア（**Philadelphia**）Sならサンフランシスコ（**San Francisco**）で鋳造されたものです。ただし最近発行された**penny**（1セント）には記されていません。

こんなフレーズも！
Heads or tails?
（コイン投げで）表か裏か？

参考文献 bibliography

Bathroom Reader's Institute:
The Best of Uncle John's Bathroom Reader.
Bathroom Reader's Press. 1995.

Barnhart, Robert:
The Barnhart Concise Dictionary of Etymology.
Harper & Collins. 1995.

Bragg, Melvyn:
The Adventure of English,
Hodder & Stoughton, 2003.

Bryson, Bill:
The Mother Tongue: English and How it Got that Way,
Penguin Books, Ltd., 1991.

Costello, Robert:ed:
American Expressions: A Thesaurus of Effective and Colorful Speech.
McGraw-Hill Book Company. 1981.

Eberz, Phillip:
The Linguistic Fun Page, 2007.
(http://www.ojohaven.com/fun/)

Gowers, Sir Ernest:
The Complete Plain Words,
Penguin Books, Ltd. 1987.

Kranes, Martha et al:
5087 Trivia Questions and Answers,
Black Dog & Leventhal Publishers, 1999.

Lang, Stephen:
The Big Book of American Trivia,
Tyndale House Publishers, 2005.

本書は2007年に刊行された『英語の雑学王』(インディゴ出版)を加筆・再編集したものです。

mini版
読むだけで英語が楽しくなる本

発行日　2011年2月14日　第1版第1刷

著者	デイビッド・セイン
デザイン	間野 成
イラスト	スヤマミズホ
編集協力	アマプロ株式会社、中山祐子
編集	柿内尚文
編集アシスタント	舩山ちひろ
発行人	高橋克佳
発行所	株式会社アスコム
	〒105-0002
	東京都港区愛宕1-1-11　虎ノ門八束ビル
	編集部　TEL：03-5425-6627
	営業部　TEL：03-5425-6626　FAX：03-5425-6770
印刷・製本	中央精版印刷株式会社

© A to Z Co. Ltd.
Printed in Japan　ISBN 978-4-7762-0653-8

本書は著作権上の保護を受けています。
本書の一部あるいは全部について、株式会社アスコムから文書による許諾を得ずに、
いかなる方法によっても無断で複写することは禁じられています。

落丁本、乱丁本は、お手数ですが小社営業部までお送りください。
送料小社負担によりお取り替えいたします。
定価はカバーに表示しています。

売れてます!

アスコム mini book シリーズ

書いて覚える派

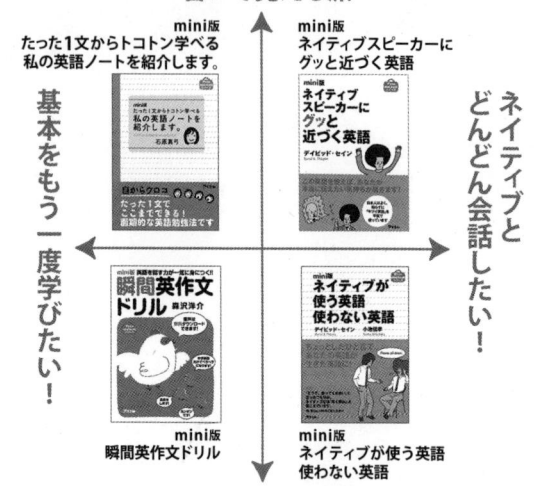

mini版
たった1文からトコトン学べる
私の英語ノートを紹介します。

mini版
ネイティブスピーカーに
グッと近づく英語

基本をもう一度学びたい！

ネイティブとどんどん会話したい！

mini版
瞬間英作文ドリル

mini版
ネイティブが使う英語
使わない英語

話して覚える派

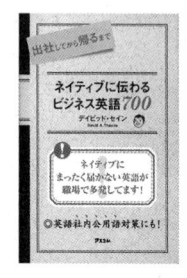

こちらも売れ行き好調!

ビジネス英語の入門書！

出社してから帰るまで
ネイティブに伝わる
ビジネス英語700

デイビッド・セイン/著　¥890+税

【お問い合わせ先】
株式会社アスコム
〒150-0002　東京都港区愛宕1-1-11虎ノ門八束ビル7F
営業部 TEL:03-5425-6626　FAX:03-5425-6770　http://www.ascom-inc.jp/